要獨立老，不要孤獨老

人生的意義自己定義，走出自己的英雄之旅

洪雪珍——著

目次

PART 1

展開英雄之旅
——人生的意義自己定義，越老越要小確幸

PART 2

絕不跟錢過不去，才能老得有餘裕
——富人與成功者沒有退休的一天

PART 3

整理人生
——打開回憶，梳理關係，不再勉強自己

PART
4

在真正老去之前——
職場中年，身段可以更優雅，更有韌性

序言——人生的第二個青春

人生的第一個青春
是上帝給的；
人生的第二個青春
是自己給的。

在這個世界上，一個人來，一個人走。在人生最後幾年，過半的人將是一個人獨自過。閉上眼睛，想像一下，這是一個怎樣的情景，你是什麼感覺？

我住在大學旁邊，附近住了不少教授，他們的子女普遍都在國外落地生根，留下夫妻倆一起過日子。幾年之後，一個走了，留下一個自己過。其中有一位教授多日沒出門，再發現時，已經走了幾天，鄰居說起這件事，無不唏嘘以對：「真是可憐，兒女都不在身邊，連趕回來看最後一眼都沒……」

一個人老，是多數

不久，有一天早上看報紙，頭版上斗大的標題赫然是「孤老宅」三個字，完全能夠充分感受到，台灣對一個人老去有多麼害怕、不安與排斥。

這條新聞是說，台灣目前有五十二萬多間房子住的是六十五歲老人，其中近四十萬間是一人獨居的老人，高達七六％，也就是所謂的「孤老宅」。未跟兒女居住或膝下無子的老人中，每四名有三名是一個人生活，可見得一個人老去是常態，並非少數特例，只是我們在情感上無法接受這個事實。

而「孤老」二字，是「孤獨老去」的縮寫，充滿負面意涵，背後代表台灣社會對「一個人老去」還未準備好。

一般人認為幸福的老人就是兒孫滿堂，可是越來越多的老人是一個人走向終點，過去多半是喪偶的老人，現在會多了孩子不在身邊的老人，以及單身未婚的老人。若是觀念不變，仍然留在舊時代，就會讓這些老人覺得自己很孤單、很可憐、活得很不值。

日本的出版界自二十年前開始談老年生活，教大家如何迎接老去；近年最熱的議題更讓人吃驚，是「年老老人」教「年輕老人」在更老的時候，依然活得自在，甚至是工作到很老。所以作者當中，出現百歲人瑞教人生活、九十餘歲的律師教七十歲的律師怎麼繼續接案工作……

中年做好準備

對他們來說，「老化」是一種必然，不是一個選項，只有接受它，想辦法和平共處，當作人生的一部分，有意識、有覺知地過好每一天，在病痛與衰老中、在折磨與不便中，找到小確幸、找到存在感，緩步走向滿天晚霞餘暉。

日本早在二〇〇六年即邁入「超高齡化社會」，多的是一個人老去。我的同事十七年前留學日本，跟一位老太太租房間，兩人住在同一屋簷下，老太太早上會幫他端上一碗熱騰騰的味噌湯，和他一起在窗邊晨光下吃早餐，還會幫他修改日文報告，是一段令他懷念的美好時光。對於這位老人，難道不也是充滿回憶嗎？

像這樣一個人老去，日本人不稱它是「孤老」，而是「獨立老」，獨立自主地老去，是不是自立自強多了？是不是心態健康多了？

台灣雖然早已步入「高齡化社會」，預計再七年進入「超高齡社會」，每五人當中，有一人是六十五歲以上，我們仍然無法坦然面對長壽這件事。那麼，長壽就不是禮物，而是詛咒，不斷地抱怨各種老去的困境，讓人無法安老。因此，心態上的調整很重要。日本作家村上春樹說：

人不是慢慢變老的，
而是一瞬間變老。

人變老，不是從第一道皺紋、第一根白髮開始，而是從放棄自己那一刻開始。只有對自己不放棄的人，才能活成不怕老、不會老的人。而中年就是一個關鍵時刻，準備得好，老來幸福洋溢；準備得不好，老年心境蒼涼。

年輕十歲

朋友年過五十，每每談及中年，都會用一句「卻道天涼好個秋」來劃下句點。把中年說成秋天，滿地落葉，一天比一天涼了起來，是一個常見的比喻；但仔細想想，就會發現不對！父母這一代多的是八、九十歲，輪到我們時，活到百歲根本不稀奇，而五十歲恰恰在中間，怎麼已然秋天？應該是精靈在月光下跳舞的仲夏呀！

再想想，夏天，誰會窩在家裡？當然都跑出去玩，做各種戶外活動，把皮膚曬得黝黑，玩得滿頭大汗、興高采烈，才是中年人應該有的心境！就生涯發展來說，中年的確來到人生最高峰，拚搏一輩子，褪下角色責任，有錢有閒，體力充沛，熱情不減，比年輕人更有條件進行一趟又一趟的英雄之旅！

長壽改變了我們的未來，尤其是中年與老年長達五十年的人生，也就不能再用父母的「年齡」來衡量自己。每十年增加二至三年壽命，我們將比父母多活十歲左右，這代表什麼？多了十年無敵的青春，也年輕十歲！

當我們五十歲時，等於父母的四十歲！當我們六十歲時，不過是父母的五十歲！不如想像中的老，幹嘛七早八早就開始養老？重新定義中年，人人都可以活得比年輕時精彩豐富，活出人生第二個青春。每個人都是自己人生的英雄，在啟程前，做到這四個行前準備，再跳上你的白馬吧！

一、展開英雄之旅——人生的意義自己定義，越老越要小確幸

上半生為別人而活，下半生要為自己活。不再做「應該做」的事，只做「開心做」的事，要玩得廢寢忘食，還要玩出成績，成為有故事的人。

二、絕不跟錢過不去，才能老得有餘裕——富人與成功者沒有退休的一天

有了錢，人生才做得了主。要活很長，需要用錢，有工作就做，有錢就守好，別被家人給拖累，做到有錢沒錢，健康平安最好。

三、整理人生——打開回憶，梳理關係，不再勉強自己

工作不再重要無比，取而代之的是「關係」。與伴侶的關係、與朋友的關係、與子女的關係……這是人生下半場幸福的關鍵，但不必執著於天長地久，只求自在於心。

四、在真正老去之前——職場中年，身段可以更優雅，更有韌性

為了保有工作，在這個危機四伏的年紀，必須不斷加強實力，證明自己的價值，同時也要學習緩步走下山，告別舞台，留下美麗的背影。

青春，不是生命中一段時光，而是一種心靈狀態。它是想要再為自己活一次的意志，是胸膛滾燙的熱血，是翱翔天際的翅膀。

感謝天，還有五十年！卸除了各種角色責任，這次我們有智慧、有決心、有行動，活出前所未有與心中所想的自己！

人生下半場，熱情邀請你：

別讓

青春太匆匆

展開英雄之旅——人生的意義自己定義，越老越要小確幸

PART 1

上半生為別人而活，下半生要為自己活。不再做「應該做」的事，只做「開心做」的事，要玩得廢寢忘食，還要玩出成績，成為有故事的人。

1

你需要一趟英雄之旅，變成有故事的人

我們都是自己人生的將軍，每年到一座城堡，屠掉一隻人人都懼怕的三頭龍。說得直白，就是給自己找碴！

中年還有夢想、還有體力，找一件事去挑戰、去克服，最後為自己別上一個勳章，是繡上金線，啵亮的、會閃到眼的那一種。

年輕時，為工作與家庭兩頭忙，很多事想做，可是沒有時間；現在有時間，卻變懶，沒太多事提得起勁，興趣都不大，不怎麼有動力去做。剩下大把時間，反而要為如何消磨時間傷腦筋；人生從來不順人意，有體力沒時間，有時間沒體力。

這樣的人，終其一生，只有兩個字可以形容——「蒼白」。若是換成六個字，

就是「沒有故事的人」。

活得像流水帳，就沒意思了

人生像一疊厚厚的稿紙，每個人都是自己人生的編劇，腳本要怎麼寫就看自己。你可以寫成流水帳，今天和明天，或是和一年後的今天差不多一個樣，並且可以自我安慰說，尋常人家過日子，恬淡舒適；你也可以寫成高潮迭起，戲劇張力十足，自己活得精彩豐富，別人看了則頻頻鼓掌叫好。

流水帳，沒有故事。你不會記得前天和昨天各做了什麼；就算記得，也覺得不值得一提，因為都差不多，都一個樣。提了，自己說得無力，別人聽了無趣；不提，日子在指縫間溜走，沒留下任何美好回憶。

到了最後，這疊人生稿紙，有寫等於沒寫，自己不想去翻，別人也不會去看，只留下淡淡灰灰的鉛筆痕跡，蒼白無力。

有故事，就不一樣。你的生活有亮點，而你這個人就會給人深刻的印象。別人提到你時，會附帶說上一個故事，你就成為傳說中的英雄人物，大家都覺得你好棒。你是個有記憶點的人，別人容易記得你，你就不會模糊，也不會被淡忘，在朋友圈裡成為活躍人物，生活就會跟著被帶動得越來越有趣。

這疊稿紙，就會成為一本有聲音的立體書，有文字、有圖像，左看右看各有不同風景，看著看著，還有旁白述說著一段有趣的故事，讓人聽來津津有味。

你就像屠龍的白馬王子

到了一個年紀，「有趣」非常重要。因為很多人日子過得一成不變，無聊至極，慢慢地把自己變得無趣，話題變少，圈子變小，談來談去都是那一、兩件事，聽著聽著就發臭了，大家都想躲，包括自己的配偶與孩子。

所以，你得讓自己有故事。

可是，怎麼有故事？

來一趟英雄之旅吧！

你是自己人生的將軍，將軍最愛做的事就是「提當年勇」，也就是你得在中年以後的人生，騎著白馬，每一年到一座城堡，屠掉一隻人人都懼怕的三頭龍。再說得粗俗點，就是給自己找碴！找一件事去挑戰、去克服，最後為自己在肩上別上一個勳章，是繡上金線，啵亮的那一種喔，務必要能閃到別人的眼才算夠。

我的讀者Daniel四十多歲，在竹科上班，擔任高階工程師，工作不錯、家庭美滿，閒暇也很愛閱讀，但是這樣的生活像極平靜無波的一潭湖水，激不起一點浪花，美是美，看久了還是會打起瞌睡。他要怎麼讓生活有趣，讓自己有故事？

於是，他來一趟英雄之旅。

在別人看來，這個英雄之旅或許有些普通，但是重點在這裡，他已經持續第三年。光是持之以恆這點，就足以讓他成為不折不扣、如假包換的真英雄。他每年設下一個挑戰，目標都不同，今年是到三十六所學校各跑步十一公里，到了十月初已經完成二十五所學校。

就是要別人聽得目瞪口呆

跑完之後，Daniel會寫一段日記，記載當天行程發生的大小事，有時候也會寄給我分享。有一次他在操場遇見一位長者也在運動，七十八歲的國中退休老師，沒有想到他還參加半馬，而且打網球、衝浪與潛水，每一種運動都有十五至二十年的資歷，聽得Daniel目瞪口呆。

可是仔細一想，用最簡單的算術，這位長者並不是年輕時開始這些運動，而是在六十歲上下，起步算是晚了！這些運動不僅劇烈，也帶著危險性，很少人認為適合年紀大的人來做，他為什麼要挑選這些運動？

呵呵……不就是希望自己在講述時，人人都像Daniel一樣露出目瞪口呆的表情嗎？由此可見，凡是稱得上故事，都要帶點難度，讓人感受到對方是費盡千辛萬苦、不屈不撓、完成使命的，說的人才會驕傲，聽的人也會敬佩。

我學姊Jane熱愛生命，每一分每一秒都要過得有意義。在時間的安排上，一個動作緊接一個動作都在算計之內，分秒不差，我笑她是「鬧鐘」。可以想見她從來不虛擲生命，每隔一段時間就會企劃一個主題，做一件特別的事，讓自己像鬧鐘一般「響」起來，活力十足。

我們住附近，每次碰到Jane，她不是在騎腳踏車，就是剛騎腳踏車回來，比如陪同盲人騎車整整兩天等。最近在LINE群組上，看到Jane貼了一張照片，是映著藍天白雲的廟簷，原來她又給自己出了新功課，騎車拜訪宗教百景，已經蒐集到第十四景——雲林土庫順天宮。

天啊，Jane已經做阿嬤了，而且工作忙碌，經常加班，到了假日還不得閒，你見到她時，會怎樣？

不就是露出一副崇拜的表情嗎？而Jane也會滑出每張照片，如數家珍每家廟的背景，以及沿途發生的大小事。這時候，聽的人就會油然而生一股欣羨的心情，心想這個人活得很精彩，我也要像她一樣！

成為發光體

這就是重點了！有故事的人，當他克服種種困難，持之以恆地往前進，就會像一個發光體，附了一圈光，很亮、很亮。跟他接近的人，感受到這股正能量，見賢思齊焉，不僅會靠過來，也會效法他的精神，於是周圍聚攏的都是想過精彩人生的人，便會形成一個有能量的同溫層。

因此成為一個有故事的人，好處多多，也不難做到。

給你三個建議，希望你能找到這個故事的起點：

1 找一件有點難，又不太難的事。

2 這件事最好有個不一樣的主題。

3 重要的是持之以恆，可以持續做下去。

2

人到中年，要坦然面對自己
——不做「應該做」的事，只做「開心做」的事

是的，夠了，一切夠了，到此為止！

我們不再是父母的兒女、兒女的父母、公司的員工、屬下的主管……自己就是自己，不是某人的誰誰。

從今天起，我們想做的事，不是哪個角色的責任，不是應該盡的義務，而是打從心底綻放微笑的開心事。

告別，盡義務的前半生。

從今天起，且讓我們不再做「應該做」的事，只做「開心做」的事。多一點自己的需求，少一點別人的期許；多一點主動去做，少一點被迫去做；多一點任性，少一

點責任；多一點打從心底綻放開來的微笑，少一點來自別人的讚美。

中年之後，開始問：「我要去哪裡？」

是的，夠了，一切夠了，而且到此為止！從出生的第一天起，我們就一直是某人的誰誰，盡數不清的各項義務，以符合這個誰誰應盡的責任，為的是讓某人或更多某人滿意，再交換回來其他的誰誰所盡的義務，構成一個永不脫軌，得以運行不已的日常生活。

在這個日復一日不變的循環裡，我們感到安全。

但是，偶爾也會氣悶，還有窒息感，覺得迷失了，找不到自己。在茫茫人海裡，看到自己是芸芸眾生裡的一個小黑點，會跟自己生氣，怎麼花了一輩子努力認真的活著，卻是一個面目模糊的小黑點，而且是幾乎快要看不見的小黑點？

於是，我們會回到苦悶的十七歲，一個中年人問著一連串少年的問題，上演一齣奇妙的穿越劇。

「我是誰？」

「我要去哪裡？」

「我想要變成什麼樣的自己？」

這三個問題，我想了很久。後來決定我就是我，不再是某人的誰誰，不再做別人眼中的我，要做自己盼著的我。在剩下的三分之一人生裡，我不要只做別人認為我「應該做」的事，而是要做自己感到開心的事，解放自己的靈魂，回到自己的位子，重新一個讓自己滿意的人生。

過去，是為了別人而活

中年之後，直至閉上眼的那一刻，能不能無憾的離開這個星球，不在於別人怎麼看我們，而在於我們怎麼看自己。

好不容易等到這一個時間點，該盡的義務都盡了，該了的責任都了了，我們再也沒有任何理由藉口不去坦然的面對自己。

在過去，我們可以說為了給父母爭光，所以要把時間花在讀書上，考到一個好學校，擁有一個漂亮的學歷；

在過去，我們可以說為了拿到好薪水，所以要把時間花在工作上，進到一家大企業，每天兢兢業業，擁有一個安穩的生活；

在過去，我們可以說為了子女的成長，所以要把時間花在教育他們上，有好的習慣及品格，打好未來的競爭基礎；

在過去，我們可以說為了家庭和樂，所以要把時間花在維繫家人感情上，有融洽的家庭氣氛，一起手牽手走向明天……

這些都是義務，因為我們不懈怠的盡心盡力，成就了今天的我們，也滿足了他人的期許，大家都說我們是好女兒、好兒子，或是好媽媽、好爸爸，或是好同事、好主管……注意到了沒，我們都有好幾個身分，做的事都和身分有關，都是存活在這個社會應該盡的角色責任。

面對自己，反而迷惘茫然

給自己拍拍手吧！老實說，我們做得還不差，甚至是挺好的。對於這些身分，我們沒有一丁點對不起，不過時候到了，爸媽年邁或亡故，子女長大或離家，工作退休或半退中，這些角色逐日褪去，身分一個個拿掉，義務一天天消失，剩下的是孑然一身，只有「自己」這個人。

這是一生中最自由的時候，本來應該快快樂樂的，可是面對自己時，反而陌生，跟自己不如想像中的熟悉與親密，隔了一層膜，甚至一堵高牆，穿不透，跨不過，進不去自己的核心裡。對於多數忙碌了一生的中年人來說，這個時候反而最迷惘、最心慌、最無助，再也躲不進任何的理由藉口裡。

說起來，也是荒謬。當我們躲在別人身後，成為一個影子時，感到安全無比，因為跟著走就是了，雖然走著走著，影子不時拉長或縮短，扭曲變形，根本不像我們本人；等到影子要站出來成為本體時，無所遁逃，才發現手足無措，難以面對，也難以具體呈現自己。

所以，做自己是需要勇氣的，不是容易的事，必須花時間，每天一點一點的做，慢慢成形，是一種修煉，也是一種修為，直到有一天回頭時，才會發現進步這麼大，大到令自己吃驚也暗暗佩服。

一切，是為了讓自己變得更好

西方人說「Where there is a will, there is a way.」。只要你有一個意志，持續往前走，路就會自然展開，現身在你的眼前。這個「will」是靈魂的聲音，包含兩層意義，第一層意義是尊重你自己，第二層意義是變成更好的自己。當你展現意志且無比堅毅時，散發出一個強而有力的訊息，全世界都會來幫助你完成。

尊重自己，把自己擺在優先順序的第一位，正視自己的需求與期許。至於別人的眼光、社會的價值，也很重要，但它們都要退居其次，如果與自己相互牴觸，不是自己一味承讓，而是嘗試要它們靠一邊站。

為什麼可以這麼篤定？因為我們不是少不經事的青少年，而是懂事成熟且負責的中年人，知道自己在做什麼，也有能力承擔做下決定之後的責任。

這個年紀，為自己而活，為自己而做，本身就是一件開心的事。不過在選擇做或不做時，仍然有一個標準——讓自己變得更好。

過程中，一定會有挫折與困難，但只要能變得更好、超越過去的自己，都值得義無反顧，全力以赴。變得更好之後，為自己在過程中的努力付出感到驕傲榮耀，便可以得到最大的快樂。

菜做得好不好吃，是比例的問題，什麼多一點，什麼少一點；人生過得好不好，也是比例的問題，什麼多一點，什麼少一點。

重點，在於那是「什麼」。

3

這是你要的人生嗎？——只為自己，活一次

兢兢業業數十年，走到今天，肩上的責任一項一項卸下之後，覺得輕鬆了，同時整個人也有被掏空之後的虛脫，這時候有個聲音響起：「你還有一段自己的行程要去完成。」一個訊息的召喚，我們要啟程出發，重新定義自己的人生。

大陸知名搖滾歌手汪峰，也許你依稀熟悉，但若是說他是章子怡的先生，恐怕你就有印象了。他唱過一首歌〈存在〉，詞曲都是他創作的，道盡一個人追尋自我的掙扎與茫然。

人到中年，回顧前半生，前瞻後半生，也許你正在迷惘中，就像十幾二十歲時

的自己，想著「我是誰」、「我想過什麼樣的人生」這類問題。

多少人走著卻困在原地
多少人活著卻如同死去
多少人愛著卻好似分離
多少人笑著卻滿含淚滴

誰知道我們該去向何處
誰明白生命已變為何物
是否找個藉口繼續苟活
或是展翅高飛保持憤怒
我該如何存在

這不是我要的人生

結婚多年之後，孩子長大離手，家裡只剩夫妻倆，終於可以鬆一口氣，原本想老夫老妻手牽手長相廝守，一起走到人生盡頭。可是突然有一天，另一半跟你說，他要離開，再也不回來。他的未來，沒有你。

「我想通了，這是你要的人生，不是我要的。從今天起，我決定去過自己的人生。」

這話真的很傷人，不是嗎？努力大半輩子，該盡的責任都盡了、該做的付出都做了，沒有一項漏掉、沒有一件疏忽，全力以赴維持著婚姻，未料竟迎來這個人生結局，換作是你，要怎麼面對？

我朋友的舅舅賴桑，兩年前退休，後來罹患癌症，太太沒說什麼，一肩扛起照顧他的責任。由於還要上班工作，無法照顧得無微不至，倒也八九不離十，賴桑沒什麼好抱怨的。可是站在生死交關，賴桑對人生有了全新的省悟，有一個週末早晨，平靜地跟太太說，他要搬到山裡去住，直至終老，再也不回家。

「不行啊，我還要上班。」

「是我一個人搬去，妳不去。」

付出半輩子，不如一個外籍看護

太太嚇壞了，以為是自己哪裡沒照顧妥當，賴桑搖頭說，不是這個原因，而是他認真想過，太太的個性與習慣所經營出來的生活，並不是他想過的理想模式。他不知道自己還有多少年，餘生想盡量按自己的意思來過。

「可是，誰來照顧你？」

「請外籍看護就可以。」

聽到這裡，太太情緒大崩潰，哭得不可收拾。兢兢業業三十餘年，到頭來先生寧願一個不相識的外國人來照顧，一起生活，也不要和她共度餘生，讓她有被嫌惡後丟棄的無價值感。

「原來在他的心裡，我不如一個外籍看護。」

像這樣中年之後，追尋自己人生的故事，男女都有，芳齡是一例。結婚有孩子之後，芳齡便辭去工作，在家專心教養孩子，直至去年小兒子考上公職，眼見未來人生安穩妥當，芳齡卸下肩上重擔，鬆了一口氣，便跟先生提出離婚的請求。先生也是受到極大的震撼，不明白發生什麼事。

近三十年來，兩人分工得極好，先生努力工作，太太認真持家，孩子教得出色，是人人稱讚的模範家庭，好不容易捱到孩子離手了，不就是苦盡甘來，可以好好過過兩人的日子嗎？

「妳是不是外面有人？」

「不是。單純就是想要過自己的人生。」

「難道這二十多年的婚姻生活，不是妳想要的人生？」

「不同人生階段，不同責任義務。上半生為了你和孩子，下半生我想為自己再活一次。」

責任盡了，轉身追尋自己

先生雖然是個大男人，在職場做得有聲有色、呼風喚雨，心也是肉做的，聽到芳齡的一番剖白，大為受傷。但是眼見芳齡心意已堅，也莫可奈何，把離婚書簽了，放她自由飛翔。

事過境遷半年之後，我才敢開口問芳齡怎麼一回事。芳齡解釋，完全不是別人想的那樣，像是她有外遇，或是她不愛先生等等，而是——

「走過歲月，我終於明白自己要什麼；孩子離手，我也才敢要自己的人生。」

芳齡繼續說，先生是個有責任感的好男人，跟他在一起，生活穩定，無憂無慮，安全十足，無可挑剔。但是生活久了，兩人性情迴異，她過得並不快樂。身為兩個孩子的媽媽，芳齡只能隱藏自己的需求，扮演好太太與母親的角色，讓孩子擁有溫馨美滿的家庭，享有快樂的成長歷程。

一旦孩子獨立了，沒有了角色責任，芳齡便選擇放下包袱，一個人輕快地完成人生旅程。她說，為自己再活一次，讓她有重生的喜悅。即使生活上會遇見一些困難，芳齡仍然歡喜地概括承受，因為這是她自己選擇的人生。

「先生不能改變嗎？」

「不需要改變，到了這個年紀，不必做太多勉強與妥協，做他自己就好。也許，他會碰到一個和他相合的人，下半生更能追尋他自己的人生。」

不必同行，也不必決裂

賴桑選擇卒婚，芳齡選擇離婚，為的都是追求自己的人生，過程中沒有大吵大鬧或對簿公堂，只有相互理解、平靜分手，以及滿滿的祝福。老實說，真的不簡單，若非愛到深處無怨尤，有體諒與包容，否則不是任何人都能輕易做到。

在過去二、三十年的歲月中，為了維繫婚姻、教養兒女，不少人放棄夢想與堅持，掩抑住悵然與失落。雖然努力付出之後，結果還令人滿意，不過在責任卸下的一刻，整個人空下來，有時間與餘力想起自己，心底響起久久不見的聲音在召喚：

你，還有一段自己的行程要去完成。

每個人這一生中，最重要的事就是尋找自我，認識自己，找到一個存在於這個世界的姿態與方式。即使如此，就算各有追尋，不能並肩同行，也不必過於決絕，還是可以用溫柔的方式尋求對方的支持，而且別忘了在固定的時間相聚，維繫情感。

畢竟，彼此相愛過，也盡心盡力經營過，這段感情值得珍惜，這段關係值得愛護。除非，對方不想要、不合適或不值得同行，那就不必勉強。

無論如何，在這世界上，最重要的是自己。

4

獨立的人，最有依靠
——女人不能只想靠男人

在這世界上，沒有人想被依靠，即使他會愛你到海枯石爛。因為，背著一個人是飛不起來的，而每個人內心深處都想翱翔天空，自由自在。所以我們要學會情感獨立、經濟獨立，以及生活獨立，才會有人願意靠過來，偶爾借個肩膀讓我們靠一下。

張愛玲說過，有一種人最孤獨，那就是中年男人，因為他每天一張開眼，看到的都是要依靠他的人，而他卻找不到一個可以依靠的人。

女人都以為，男人的胸膛寬闊、肩膀厚實，喜歡有女人依靠著他們。其實多數的男人並不喜歡被依靠，他們想要自由，而依靠等同於束縛，沒有男人想要背著一個女人飛翔，因為飛不起來。所以男人喜歡的女人，是情感獨立、經濟獨立，以及生活獨立的「三獨」女人。

想不通這點，將會活在痛苦中，懷疑他不愛你，覺得你們的婚姻或愛情有缺陷、不夠美滿，而自己是一個失去愛、不完美的人。越是這麼糾結，越是牢牢地巴著男人，男人就會離你越遠。

找個依靠，滿足各種精神需求

菲菲的前半生坎坷，結婚兩年之後，先生就到大陸工作，把她和孩子丟在婆家，一年才回來三次，兩人不僅不太有機會相處，先生也像是有意躲著她似的。而婆婆是一個生性刻薄、言語荼毒的人，更讓菲菲痛苦不堪。

兒子上大學之後，菲菲毅然提出離婚，切斷這一段不堪回首的過往，也交了男友，可是兩年之後，菲菲發現對方有老婆，再度勇敢地提出分手，雖然心如刀割。一樁殘缺的婚姻、一段破碎的愛情，菲菲再也無法承受，掩面痛哭：

「老天爺為什麼對我如此殘忍？」

「難道我不值得一段美好的愛情嗎？」

前半生一直遇不到理想的男人、沒有談過一段完美的戀情，五十一歲的菲菲想在下半生至少找個「精神依靠」，因此想去算命，看看還有沒有機會。

什麼是「精神依靠」？

菲菲說，不必提供她經濟依靠，不過精神上必須能夠讓她依靠，填補心靈的空虛，像是帶她去看電影、去旅行、去健身……聽起來，這個「精神依靠」，工作很多、責任很重。

我問：「這些事，難道妳不能獨自完成，或是找朋友一起去做嗎？」

菲菲說：「如果這個男人，我在經濟上不需仰賴他、在精神上不必依靠他，那麼他還是個男人嗎？我還需要他嗎？」

最後，菲菲斬釘截鐵地說：「前半生沒有一個男人讓我好好依靠，下半輩子我一定要找到一個靠得住的男人。」

男人，並不想當女人的依靠

聽到這裡，我全身打了個冷顫，起了雞皮疙瘩。易地而處，換作我是男人，我才不要在前半生履行了種種角色責任、兌現了種種社會期待，直到中年，好不容易卸下沉甸甸、壓死人的盔甲戰袍，能夠大大鬆一口氣的當下，變成另一個女人的「精神依靠」，滿足她種種精神上的需索無度。果然，後來算命先生跟菲菲說：

「找個『依靠』這念頭太不切實際，現在沒有男人想要成為別人的依靠，即使是心愛的女人，不論是經濟上或精神上。」

「至於想找個伴，只要談得來、走得到一起，就心滿意足，其他別奢想。」

很多人把人生下半場當作「補考」，上半場沒過關的科目一一重考，非得要考到及格不可，才覺得人生圓滿無憾、對得起自己。可是下半場並非上半場的延長賽，而是各自獨立的兩場賽事，各有功課要去完成。上半場沒有及格的功課，到了下半場，就讓它們隨風而逝，做到斷捨離，趕快跟上新的功課，進入新的狀況，讓自己安定下來好好學習。

在上半場，其中一項重要的功課是愛情；到了下半場，這項功課是相知與相伴。不論是愛情或相知相伴，把對方當作「依靠」，都會讓對方感到沉重。不是他不愛你，而是每個人都想輕盈無負擔地走完人生，而不是背一個人走一輩子。

連兒子也不可靠

美君則是另一個例子，先生早逝，獨力撫養兩個兒子長大成人，備嘗艱辛，她都咬著牙熬了過來，卻也筋疲力盡，累到極點。今年六十四歲退休，大兒子在北京工作，小兒子就讀研究所，有時美君會悲從中來，這一生沒有好好被對待過、享受過，很想要兒子可以讓她依靠，包括經濟上、精神上與生活上。

問題是在和兒子談過之後，大兒子不想回台灣，小兒子想跟著女友搬到中部，美君付出一輩子，到頭來孑然一生，誰也依靠不了，心裡不免一陣蒼涼。

「我真的累壞了，很想有一副肩膀可以依靠，哪裡知道連含辛茹苦養大的兒子都依靠不了，我是不是命太苦了？」

人到中年，一定要有個體認，親人會一個一個離去，展翅高飛追求他們的未來，而這個未來可能沒有安排我們的位子。因此若是不拋棄找個依靠的想法，就是跟自己過不去，誤以為這樣的人生不完整、有缺憾，充滿遺憾與怨氣。

一個月裡，只有一天是月圓，其他都是月缺的日子；人生也是一樣，不如意事十之八九，有缺憾是常態，圓滿反而稀少。所以要學會自給自足，一個人就能活成一個圓滿，儘量不要把別人當作依靠，免得把親人一個一個往外推、推得遠遠的。

獨立的人，反而最有依靠

靠山山倒，靠人人倒，靠自己最好。

當然，每個人都有累極了、挺不住、無依無助的時候，偶爾靠一靠別人是可以的，不過長期下來，仍然要學會依靠自己，別人才敢靠過來，並主動提供依靠。不論經濟上、情感上、生活上，不要想找個人來依靠，在這世界上，靠自己最實在。

獨立的人，精神豐盈，自己找快樂、自己找資源、自己解決問題，最具有吸引力，也最不必擔心孤單、無助、無靠。

5

自律，不等於吃苦
——饒過自己，也放過別人吧！

在職場上，怨念最深的通常是工作最認真的那個人，因為他太嚴肅了。心理學有研究發現，交上好運的人，個性比較輕鬆。人到中年，工作比重降低，花比較多的時間在家人與朋友上，關係的經營多一點輕鬆、少一點嚴肅，幸福就會來敲門。

「這個事實，很令人傷心……」

水晶是一家知名企業的高階主管，今年有一個全新的人生體悟，不大不小，強度剛好把她「震醒」。

這種人一點都不好玩

元月時，她的藝術家朋友喜獲麟兒，水晶去道賀，並且沾光似地補上一句：

「跟我一樣，都是摩羯座耶～」

「那，可不好。」

咦？什麼意思？原來藝術家擔心，孩子長大之後，跟水晶一樣，不懂得放鬆、不懂得玩樂、不懂得享受，把人生過得無聊至極！

水晶愣住，沒有想到在藝術家眼裡，自己是這樣的人！一直以來，她和藝術家合作無間，作品有口皆碑，難道過程中，藝術家對她有所不滿，卻未曾讓她知道？藝術家回答：「在工作上，妳是最好的合作夥伴，高度自律、追求完美，一〇〇％可以信賴。」

沒人找她玩樂

既然如此，嬰兒長大之後，像水晶這樣的性格與習慣，事業一定成功，不是所有父母盼望的成龍成鳳嗎？藝術家說，不，不，不，工作只是人生的一部分，還有其他需要平衡，比如家庭、朋友、玩樂、美食、旅遊、運動……講到這兒，藝術家反問水晶：

「妳有注意到嗎？我從來沒有在工作之外，找妳一起出去吃喝玩樂。」

是啊！藝術家很會呼朋引伴，大家一起出門找樂子，露營、泡湯、騎單車……但是從未找過她。為什麼獨獨水晶被遺漏在名單之外？藝術家的解釋更離譜了！

「妳太自律、太完美，誰跟妳在一起，都會不自在，怎麼會找妳出去玩？」

這段對話，一開始讓水晶莫名其妙到極點。因為從讀書到工作，高度自律的她，是大家爭著要組成團隊或共事的第一人選，百分之百可以被信賴，不會在最後一刻出各種令人抓狂的意外，而且一定盡其所能把事情做到無可挑剔。

不過夜深人靜時，水晶回想來時路，捫心自問，藝術家的話不無事實。她跟大家的關係都不錯，但也稱不上親密，像油與水，無法融合，在工作以外的私生活很少有交集。水晶事業有成，交遊廣闊，一直以為相交滿天下，現在才知道：

「原來，我始終孑然一生。」

三種特質

水晶明年邁入五十歲大關，站在人生中點，往回看前半生，她是成功的，高度自律是關鍵因素；往前看後半輩子，工作的占比降低，和家人的關係日益重要，假使再維持先前的自律水準，恐怕就過度了。現在她知道了，過度自律是維繫關係的敵人，別人不想走近她身邊，她也走不進別人的心裡。

為什麼高度自律的人沒法贏得人際關係？主要原因是，他們是不容易快樂的一群人。以色列心理學家烏齊爾（Liad Uziel）在《心理科學最新指南》（*Current Directions in Psychological Science*）發表研究論文，指出這類人有以下三種心理狀態：

一、壓抑喜悅

高度自律的人習慣性壓抑強烈的情緒，比如取得好成績時，別人歡欣鼓舞，他們卻是以冷淡取代喜悅。

二、內心不滿

高度自律的人為了達到好成績，付出龐大犧牲、克服各種困難，可是由於他們做事太靠譜，以致艱辛的過程會被大家忽略，覺得一切都是理所當然，導致他們心生不滿。

三、滿懷後悔

當別人在玩樂時，這些人都在努力，錯過很多有趣的事物，遺憾不少，難以滿意自己的人生。

追求自律，還是追求痛苦？

既然「不快樂」，人為什麼要追求自律？

因為他們很少活在當下，都在追求未來，滿腦子想的盡是現在受點苦，將來就不吃苦；現在沒享的福，將來會加倍享回來。

自律一開始是興奮的，後來就進入痛苦期，像是冬天五點離開被窩，令人痛苦不堪。可是一旦在痛苦期徘徊太久，不自覺地會把痛苦當作自律，變成「自苦」，進而「自虐」。

有的人在自律過程中，發起狠，六親不認，無意中把別人排除在生活圈之外。就算自律成功，除了感動自己外，和世界卻是漸行漸遠，越來越孤單。

再來，他們不饒過自己，也不放過別人，會用相同標準要求別人，別人跟他們相處，不由得就會自我懷疑、否定自己，等於拿鞭子抽打自己。如果不是職場上非得共事不可，誰要活在羞恥感、罪惡感中？當然是敬而遠之。

不信的話，不妨環顧一下周遭，高度自律、事業有成的人，個性都有些緊繃，在與人互動上，難免關係緊張，有些隔閡與或淡漠；相反的，能夠與人維持親密關係的，多半是自律性不高、事業發展普通的人，因為他們輕鬆與快樂。

偶爾放縱一下

人到中年，重心逐漸自工作移轉至關係，該是時候卸下盔甲，偶爾稍稍放縱一下，增加一些人味、平添一些溫度，帶來一些人氣，讓別人在零壓力之下，願意主動接近，建立關係。所以自律不妨打個八折，以下有三個建議：

一、放大刻度

也就是降低標準，像是自我要求過午不食，可是半夜經常餓到睡不著，不妨降低標準，改成晚上還是吃一些，多吃蛋白質與蔬菜，少吃碳水化合物。

二、換個角度

也就是改個觀念，像是以前絕對不賴床，現在有點年紀，不宜立刻起床，就賴一下吧！按摩手腳或前後滾一下，有如孩子一樣，把床當作一個好玩的地方。

三、提高容錯率

接受自己偶爾沒達標，像是過去不論晴雨，每天晨間跑步五公里，現在下雨天不跑了，改成在家做伸展操，讓別人知道你也有發懶的不良紀錄，和他們是同一國的。

過度自律的人，給人的印象是聖人，高高在上，有無形壓力，不容易親近。人到中年，工作比重降低，關係比重升高，不妨自律少一點，輕鬆多一點，關係就親密一點。很奇妙吧？

6

生命是要往前走的——只剩一人，也要精彩

牽手一生，白首偕老，固然幸福美滿，但仍然有半數的人將是形單影隻走向滿天晚霞餘暉。在最後這段路，主動選擇的權利仍握在自己手上，為餘生定調。這是挑戰，有人過關，有人卡關，都成了在這個星球最後一刻，遠去的背影。

再鶼鰈情深、再恩愛逾恆，夫妻兩人總是有一人要先走。多年以後，一個人生活，怎麼過沒有他（她）的日子，你想過嗎？

沒有他（她）的陪伴與照顧，不論生活或精神上都必須獨立起來，而自我將變得清澈通透，是重新活一遍的新契機，全然只為自己而活。對人生擁有完整的所有

權與自主權，過得好或不好也完全由自己負責，你做得到嗎？

這是挑戰，有人過關，有人卡關，都成了在這個星球最後一刻，遠去的背影。在這塊空白的畫布，怎麼彩繪上色，由你做主，人人都需要想清楚，做好準備，迎接此生第一次沒有任何羈絆與牽扯，暢快活出自己模樣的美好時刻。

自閉與悔恨

我和羅大哥夫婦認識，是二十年前在一個社團，從很多互動都看得出來羅大哥是依賴羅大嫂的，不論生活上或精神上。羅大哥工作忙碌，不時出國洽公，整個家交給羅大嫂一人打理，包括兩個子女的教養。羅大嫂好強能幹，大小事都張羅得妥貼穩當，不讓羅大哥有後顧之憂。

加上羅大嫂活潑開朗，很能交朋友，而且漂亮時髦，羅大哥在看著她時，眼裡盡是光芒與笑意，很明顯地，他以太太為榮。

天有不測風雲，就在羅大哥即將屆齡退休的前一年，大嫂重病，羅大哥二話不說，馬上辭掉工作，親侍湯藥，還陪著到處求神問卜，最終仍然不敵病情日益嚴重，三年後大嫂撒手人寰。這時候，子女各自成家立業，留下羅大哥一人守著近百坪的房子，孤單與落寞是可想而知。

生活上，沒人照料；精神上，沒人支持……一時之間，羅大哥頓失依附。籠罩在失去愛妻的悲痛裡，即使曾經是業界強人也變得容易感傷、脆弱、退縮，他把自己關在家裡，誰也不理，誰也不見，足足半年，沉浸在思念與懊悔中，恨自己應該減少工作上的衝刺，多陪太太到處走走、享受人生。

「我們生活三十多年，她已經是我的一部分，無法分割。只要一想到她再也回不來，我無法做任何彌補，就恨死自己！其他人、其他事對我再也不存在任何意義。」

好友的自我放棄

這個自閉的行徑，把子女嚇壞了，不知怎麼辦才好。直到羅大哥的好友也有同樣的遭遇，太太病逝，羅大哥不得不去探視對方，關心他過得好不好。誰知道一到好友的家裡，羅大哥傻了，完全認不出眼前這個人是從小穿同一條褲子長大、至少有五十年情誼的哥兒們。

一進門，撲鼻而來濃濃酒味，滿屋子酒瓶東倒西歪到處丟棄，而好友整個人掛在沙發的扶手上，不省人事。廚房裡，碗盤堆積如山，垃圾滿溢出來，蟑螂竄進竄出，無視人的存在。牆角還放了幾個捕鼠籠，其中一個已有一隻老鼠屍血模糊、發出異臭，令人噁心……

環顧四周，羅大哥呆立現場，久久不能言語，不只是心痛好友的景況，也因為腦袋突然轟的一聲被炸醒……

「我看見自己。」

羅大哥下定決心振作起來，第一件事便是把大房子賣掉，離開郊區，搬到市區電梯大廈，兩間房，一間臥房，一間擺上跑步機與舉重器材。接著，報名參加各種社團，像是登山社、讀書會、電影欣賞小聚，以及旅遊同好的團體，還去學國標舞、參加馬拉松賽事等。

最近再見到羅大哥，是在一個餐會。大家提早十一點到場聽他演講，主題是旅遊西藏的心得，精彩好聽，談到當地的風土人情、藏傳佛教的發展歷史，以及旅遊籌備的經過與注意事項，收穫滿滿，我們當然報以如雷的掌聲。羅大哥也很開心，臉上盡是自信散發出來的光彩，不復兩年前喪妻時的悲痛。

就是出門，給自己找事做

有人問他除了旅遊外，還忙些什麼，他回答每天行程都滿檔，連孩子要跟他吃飯，都要提早一個月預約。在座半數男性再幾年都要退休，對於退休後要做什麼有無盡的煩惱，一聽都露出不可置信的表情，好奇地問羅大哥：

「七十歲退休男人，有什麼好忙的？」

羅大哥說，光是每月一次電影欣賞就夠他忙，不僅要看電影、挑電影，還要研究電影、整理心得報告，再做出PPT簡報檔，專業的程度可不輸給學有專長的影評家。只見他呵呵一笑說：

「這些工作，以前都有秘書在做，哪裡需要我做？」

不僅做影評，羅大哥是哪裡有馬拉松賽事，就第一個衝去報名。報名之後，不是等那一天到來就可以，他規定自己不論晴雨都要每天練習跑步，而且先去熟悉整個路段，將有指標意義的建築輸入腦子，當作里程碑，把大目標切成小目標，跑起來比較可以輕鬆完賽。羅大哥再度掩不住得意之色說：

「沒法跟年輕人拚體力，就比腦力、比策略，這些我最在行！」

最後一段路，你仍然可以做主

不過話峰一轉，羅大哥臉色暗了下來，沉痛地說，同樣失去愛妻的好友走不出難關，一直將自己閉鎖在家裡，斷絕所有人際與社交，隔年也罹癌，三年之後離世。兩相對照，令人不勝唏噓，羅大哥發出一聲喟嘆後，說他因此得到一個啟示：

「生命是要往前走的，可以悲傷，也可以精彩，都是主動的選擇。」

牽手一起走了幾十年，沒有人可以想像失去另一半的生活要怎麼過下去。即使如此，最終仍然有一半的人必須形單影隻走向滿天晚霞餘暉。在最後這段路，主動選擇的權利還是握在自己手上，就算已衰老到力不從心，也不要放棄做生命的主人，為餘生定調。

是閃亮星空，讓人引頸仰望；還是無月的夜，沉沉睡去——你說呢？

7

沒有自由的「白頭偕老」，你要嗎？

年輕談戀愛時，巴不得二十四小時黏在一起，形影不離，覺得那才是愛；等到中年，一切恰恰相反，這種黏TT的關係令人窒息、想逃。

我們想獨處，做喜歡做的事，不想違背心意去配合對方；把另一半訓練得獨立，我們才能獲得獨立。

一個人，是很自在的。

人到中年，我們不得不承認，越來越喜歡一個人，想做什麼就做什麼，隨興自在，輕鬆自由，沒有負擔。

像是一個人去山裡泡湯，吃頓精緻的料理；一個人看場電影，想看哪一部就看哪一部；一個人去旅行，去哪兒玩，不必問別人的意見；一個人跑步，一路聽喜愛的音樂，不必跟別人沒話找話說……

一個人的日子，再也難回頭

喜歡上獨處，就很難再回頭，它是一條不歸路。怕的是，另一半不這麼想，硬是要執子之手，出雙入對，一起走到人生終點。這是兩人之間最難好好坐下來談的一個點，對方會懷疑不被愛了，不論怎麼解釋，就是聽不懂，竟然是很多中年人最煩心的事。

Peggy從孩子念小學起就移民國外，先生負責在台灣賺錢養家，每年團圓兩次，相安無事。哪裡知道二十五年後，先生退休了，Peggy的苦惱才開始。不論Peggy做任何事，先生都亦步亦趨地跟著，弄得Peggy心煩氣躁，不得不規定他可以跟的事、不可以跟的事，卻未獲先生諒解，以為Peggy不想要婚姻。

「妳是想離婚嗎？」

「沒有。只是希望有自己的生活。」

「可是，過去二十五年，妳已經有自己的生活。」

對美滿婚姻，各有不同想像

Peggy回應，以前要照顧孩子，並沒有自己的生活。先生不解地反問，難道Peggy的理想人生藍圖裡，沒有他和孩子？Peggy不知道怎麼解釋，就說：「也是，也不是。」先生更加糊塗了，三天兩頭鬧脾氣，Peggy不禁懷念起從前分居兩地的日子，雖然孤單無助，但一個人獨斷獨行，清心自在，原來是難得的自由。

兩人之間的爭執焦點，在於對「幸福婚姻」的期待迥異，Peggy過慣一個人的日子，希望多一點自己的生活；而先生認為好不容易團圓，希望多一點兩人的生活，而且幸福的婚姻不就應該是白頭偕老，出雙入對嗎？逼得Peggy不得不直白地說：「這樣的『白頭偕老』沒有自由，我不要！」

「可是，我們是夫妻呀！」

「幸福的婚姻不是只有一種樣子，也有一種是當朋友。」

當朋友？聽起來就像男女朋友在談分手時，提出來的安慰性說法。這讓先生的腦袋更是往死胡同裡鑽，只覺得天要塌了，婚姻要砸了，人生從此毀了。

不是愛，是負擔

一個人有沒有能力獨立，要看三件事，一是經濟獨立，二是人格獨立，三是情感獨立。人到中年，前兩項都獨立了，唯獨情感上，有些人仍然無法獨立，依賴成性，做什麼事都要拉著另一半，如果沒有另一半，想也不想就自動放棄不做。而這樣的人，男女都有。

年輕時，通常先是女性養成依賴性；中年之後，男性從工作舞台退下來，沒有個人的嗜好，沒有個人的朋友圈，變得很依賴太太，造成太太很深的困擾，以及沉重的負擔。

小蔓一直單身，熱愛學習，最近迷上一種具有療癒功能的繪畫，三天認證課，學員都是女性，其中有一位的先生跟來，坐在太太旁邊，不斷下指導棋，未曾離開半步。

「妳不能這麼畫，剛剛老師不是這樣說的。」

「妳要在這裡用粉紅色，看起來才對。」

其他同學都用羨慕的語氣跟太太說：「妳先生好愛妳，陪了三天，沒聽到他抱怨，妳真是幸福的女人。」

只有小蔓暗自嘀咕：「這個男人吵死了！」

唯一的嗜好，陪著另一半

下課時，先生自告奮勇，熱心地幫忙跑腿買飲料與點心，再受到一陣誇讚，同學又跟太太說：「妳先生人好好，有人服侍，好命喲！」小蔓則在內心翻白眼，心想這位先生黏太太還不夠，連還不熟的同學都要一併黏上，黏成一個好友圈。

課程結束時，趁著先生去上廁所，太太意外地悄悄挨近小蔓，小聲道歉：「他就是這個樣子，我走到哪裡，他就跟到哪裡。」

「他沒有自己的興趣嗎？」

「他的興趣，就是我。」

聽起來真是教人毛骨悚然，小蔓不禁拍拍胸脯，慶幸自己沒有一腳踏進婚姻裡，這樣黏TT的關係令人窒息。不過她一點都不覺得奇怪，有一位南部朋友開養雞場，每天和批發商拍桌對罵，是事業女強人，可是在聽到小蔓一個人開車到另一個城市泡湯時，竟然驚呼：

「妳怎麼敢一個人去泡湯？」

「為什麼不敢？」

「只要沒有先生陪，我是不會出門的。」

小蔓身旁這樣的女性還真不少，受到傳統婚姻觀念的制約，總覺得任何場合都必須夫妻同行，才是婚姻幸福美滿的樣子；只要沒有先生陪伴，很多事就自動放棄不做，缺少新奇的體驗與樂趣。小蔓笑說：

「這些賢妻良母需要『被帶壞』，才能真正擁抱人生！」

自我檢查

中年之後，性別會越來越無性，性格則越來越獨立。情感依賴，對於追求獨立的人，是難以忍受的，反而會把他們逼走。

根據心理諮商專家的建議，何妨檢查自己或伴侶有沒有以下行為：

1 一直堅信，自己對他的愛是不可取代的。

2 除了他以外，幾乎不跟其他人出去玩。

3 在面臨選擇的時候，總是想先得到他的同意，即使只是一件日常小事。

4 很容易因為他對你的評價，而感到受傷。

5 為了維持彼此關係，做了很多違背自己意願的事。

倘使出現以上現象，就要正視情感依賴的問題，鼓勵自己或對方培養新的嗜好，擴大交友圈子，或是展開一個新的計畫，轉移注意力，分散到其他人與事。

看到一朵美麗的花，把它摘下來，占為己有，就是依賴，自私且占有欲強；而愛是不一樣的態度，每天定期幫花澆水，希望它的美麗可以持久，展現無私的、成全的精神。對於另一半，該給的是愛，而不是依賴或占有。

8

第二個二十歲
——有任性，也有浪漫

人到中年，子女長大了、財務自由了，照理是一個富足的年紀，卻是心裡空空的，失去重心。

這時候會想起什麼？

二十歲時的夢想，早早遺落了，早早淡忘了，何妨再撿起來，趁著最有餘裕的年紀，瘋一次、傻一次，真正到此一遊，不虛此行。

志勇是我的舊識，在一家公司擔任業務副總，有一次我們在高鐵站巧遇，離預訂車班還有一小時，便在星巴克坐下來，他點了一杯美式咖啡後，便若有所思的喃喃自語。

為什麼要追求自我？

「女人很奇怪……怎麼都要去追求自我？」

「而且都要出門才能找到自我，說要再出去工作，說要開店圓夢，說要去旅行，說要出國小住一陣子，說要到印度修行一個月……名堂很多。」

「自我，不就在這裡嗎？」志勇輕拍自己的心，接著說：「為什麼要離開，才能找到自我？」

最後，他仰天長嘆一聲，久久才吐出兩個字：「不懂……」

他們小倆口剛踏入社會時，吉兒的薪水較高，但是兩人協調由吉兒退讓，選一個準時上下班的工作兼顧家庭。二十五年平靜的過去，兩個孩子都長大離家念大學，同學會開始頻繁起來，吉兒就整個人變了，不只活動變多，在家也是不停的LINE，還常常有些交代不清的行蹤，最重要的是變得愛打扮。

「有一陣子，我懷疑吉兒是不是有外遇……」

只顧著家人，忘記還有自己

志勇不只疑神疑鬼，還盤查吉兒的行蹤，兩人逐漸失去互信，爭吵激烈，後來找到婚姻專家做諮商，結果吉兒抱怨失去自我，想找回原來的自己，需要獨立的空間想清楚自己要什麼，才會不時外出。有時是旅行，有時是和好友談心，就是想離開，不是想離開家裡，而是離開熟悉的生活軌道，所以不讓志勇知道行蹤。

的確，同學會是導火線，帶給吉兒不小刺激！求學時代，吉兒積極能幹，班上的活動都是她領頭，可是現在同學一個比一個有出息，都說得出一些成就或頭銜，只有吉兒沒什麼好說的，嚴重打擊到自尊，也帶來反思：

「以前為了先生孩子放棄自我，把他們的需要擺在第一優先，現在孩子長大、先生工作穩定之後，我想把自己放在最重要的位置！」

這個心情，志勇一點都不懂。年輕時胼手胝足、省吃儉用，過了多年苦日子，吉兒犧牲奉獻，無怨無悔，從來沒聽過要追求自我，好不容易打拼至今，眼看孩子即將獨立，房貸也還清，生活壓力輕，接著就等退休養老享清福，怎麼反而鬧起脾氣要追求自我？話說至此，他囁嚅的問：

「我就沒想過要追求自我，為什麼她這麼在乎？」

「那是因為婚後，你一直擁有自我，她卻為了家庭失去自我，才需要去找回來！」

追求的是價值與肯定

志勇還是百般困惑，他也不覺得有自我啊！每天在公司，被老闆追業績；出了公司，又被客戶追績效；回到家裡，還要為學費、房貸與生活開銷愁苦……他認為自己的人生只有數字，被數字追著跑，也談不上有自我。他都可以過，吉兒卻沒法再忍耐下去，是不是女人比較浪漫不實際，盡是追求一些虛無飄渺的東西？

我沒有正面回答他，只是反問他，除了家庭婚姻之外，他有哪些價值？志勇一聽，兩眼發亮，馬上不客氣的扳起手指細數，叭啦叭啦說上一堆「足可傲人」的成績，哪些是史無前例第一人，哪些是打敗市場無敵手，哪些是讓公司賺進大把鈔票……終於等他把天寶年間的事一一交代完畢，我才打斷他，追問：

「太太的價值呢？」

這時候，志勇不再如數家珍一樣一樣端出太太的價值，而是先抓抓頭想半天，確定一個也舉不出來之後，硬拗出一個說法：

「像是先生升官加薪、孩子考上好學校，這些成就都是她的價值！」

賓果！答案出來了！這些成就，女人當然是厥功甚偉，可是落款並非女人的名字，這是女人看不到價值、找不到自我的原因。先生事業有成，她感到光榮；孩子成績優異，她也驕傲；可是在功名簿裡面，女人也想明明白白寫上自己的名字，有自己的成就，證明自己有價值，而這些如果在家裡找不到，就會到外面去尋找。

這一生，就是要再任性浪漫一回

空巢，是女人發展自我的轉捩點。一旦孩子離手，從母親角色脫離，女人的關注會再度回到自己身上，若是找不到自己，便會走上一段追求自我的旅程。而這時候，家裡的財務壓力減輕，她們會超越經濟考量，放棄外在價值，往內心深處探索，追隨悸動的心，做真正的自己。

二十歲的女孩，要的是全世界；重返二十歲的女人，也要全世界任何她想要的東西，不顧一切也不計代價，讓人覺得不可思議，都一把年紀了，還這麼任性、這麼天真、這麼熱血。所以，男人啊，如果她二十歲時曾讓你心動，現在也會再次讓你心動，但是必須你也重返二十歲，心跳一樣、節拍一樣，才能找到內心相映的鼓聲。你不懂她，是因為你用年齡限制她，也框住自己。

她為這個家庭付出二十多年，絕對值得這個家包容她去瘋去傻一回。她想瘋，就讓她瘋！她想傻，就讓她傻！她想浪漫，就讓她浪漫！女人，從來不需要去搞懂她，而是要去支持她。不要擔心脫軌，不要擔心失去，只要重新活一次，得到的將遠超過失去的。

9 退休男人沒有朋友，是太太做噩夢的開始

年輕時，常聽到單身女性嘆息，「（好）男人都哪裡去了？」到了中年，再聽到已婚女性感慨：「男人都哪裡去了？」結果發現男人都在家裡！別看他們在職場上相交滿天下，退休之後卻連一個談心的都沒，成了太太的老跟班。所以，交朋友與會聊天很重要！

這個時代，很少朋友會打電話給你，都是用LINE或FB留言。所以當電話響起時，常會讓人嚇一跳，以為發生什麼大事。可是這通電話，不是讓人驚嚇，而是啼笑皆非。一接通，我就注意到琳達壓低嗓音說話，不想讓別人聽到。

「等一下我會發個LINE給妳。」

「既然要發LINE，幹嘛再打電話？」
「所以要先打電話說一聲，妳才會懂。」

太太出門，還要「串供」

越聽越糊塗，亂七八糟的，到底在說什麼？琳達聽得出我的不解與不耐，馬上安撫我不要急，聽她慢慢說來。

「我們不是明天要去泡湯嗎？等一下我會用LINE問妳，房間訂得怎樣了？妳就回答，只剩下一間，四個女人泡剛剛好。」

「房間還有啊，為什麼要說謊？」

「因為我家老爺又要跟來，妳說煩不煩？」

聽到這裡，完全明白了，於是我大聲地回答：「煩！煩死了！」

琳達的先生今年退休以後，不管我們四個女人去哪裡，他都跟前跟後，好像我們是保母，帶著一個巨嬰，哪裡都不方便去，也不方便說話。偏偏他還一副明事理的樣子，不時提醒：

「妳們儘管談妳們的，我沒在聽，妳們自在就好。」

女生在一起，談女生的話題，說話和行為不想講究，也不想優雅，而且有很多私密的內容就是限制級，男人不宜。有個男人在，就是無法暢快，他都這麼大的人了，怎麼就不懂呢？

太太的朋友，是唯一的朋友

「沒見過這麼不諳人情世故的。」

每每我們抱怨及此，琳達就解釋，以前她先生上班，有同事、廠商、客戶，看起來熱絡得很，她不知道退休之後，竟然一個朋友也沒有。活該，我們都取笑琳達，碰到這個二楞子，朋友應該都嚇跑了吧？即使如此，我們還是會催促琳達，幫助他交一些新朋友，琳達竟然搖頭回答：

「難喔！」

「為什麼？」

「我們被盯上了。」

什麼意思？我們一起看向琳達，露出一臉狐疑。琳達接著的解釋，讓我們在翻了兩番白眼之後，昏倒成一片。因為她先生在比較之後，覺得我們四個人在一起時，吃吃喝喝、說說笑笑，還鬥鬥嘴，葷素不拘、尺度無上限，好玩多了，決定也湊一腳，成為固定成員之一。

憑良心說，琳達的先生是功能完備的工具人，每次出門都由他開車接送，細心周到，我們除了吃喝拉撒睡，啥也不用管，其實是沒什麼好抱怨的，可是我們寧願辛苦一點，也不要他跟著、處處不自在。

琳達當然感到對不起三位好友，於是經常打電話給大家，拜託配合演出，不要在ＬＩＮＥ上面說溜嘴，讓她先生來攪局、破壞氣氛。不過我還是覺得奇怪，就問琳達：

「妳先生也看妳的ＬＩＮＥ嗎？」

「看啊！」

「為什麼？」

「他說，我的朋友圈傳的LINE，內容好看多了。」

男人退休後，都去哪裡了？

天哪，連LINE也不放過，對我這種極度維護個人隱私的人來說，簡直是匪夷所思。凡是琳達在朋友圈的所有談話或活動，他都要知道，還要參與，令人一陣顫慄。有哪個女人，想要在朋友的先生面前，赤裸裸地，毫無秘密？這會逼得我們想把琳達「ㄘㄟˋ」掉。

即使親如夫妻，還是兩個獨立個體，有交集的部分，但絕對不是完全重疊，應該各有各的朋友圈，享有各自的生活。像琳達和先生的婚姻關係，缺少個人空間，會讓琳達的腦子裡不斷冒出一個念頭：想逃，而不是靠近。

遺憾的是，這樣的男性，還真不少！不是上班時刻，不論去哪裡，在咖啡店喝咖啡、到餐廳吃飯、去山上泡湯、參加讀書會……幾乎清一色是女性，男性很少。若是有，看得出來也是跟著另一半居多，不太看到男性與男性一起喝咖啡或吃飯，除非是談公事。連上健身房做重訓，也是女性越來越多。

這使得我們常常納悶：「退休之後，男人都去哪裡了？」

答案是，多半宅在家裡。

他們也會外出，運動或購物，卻是一個人來去，很少呼朋引伴，與過去在職場上大異其趣，突然變得封閉與內向。很明顯的，男性的朋友圈比較多是功能性，因為工作上的需要才相互往來；一旦離開工作，功能不存在，情誼就消失，關係上切割得一乾二淨。

三個交友管道

在斷絕所有社交圈之後，這些退休男人成了一個「人際孤島」，在汪洋大海中飄浮著，太太是唯一接濟人際資源的船隻。當太太要出門，他們不是攔著，就是跟著，變成太太的沉重負擔，太太就會嫌棄與厭煩，視為丟不掉的大型垃圾。因此退休之後，男人一定要學會交朋友。有三個建議：

一、從培養興趣開始

培養興趣，參加社團，除了怡情養性之外，還可以結交同好，有共同話題，相約從事共同活動，在活動之後，吃個飯、聊個天，逐漸熟悉、建立友誼。

二、多參加同學會

像是學校的同學、當兵的同梯、進公司的同期等，只要有聚會，不妨參加，和大家多多來往，關係不要輕易斷掉。因為一旦不來往，產生了隔閡，就會更不想參加同學會。

三、一邊運動一邊交朋友

一般來說，男人再宅，還是會出門運動，可是都是形單影隻，現在不妨改成參加相關社團。比如以前一個人爬山，現在改成參加登山隊，結交山友；以前一個人騎單車，現在改成參加車隊，結交車友；以前一個人跑步，現在改成參加馬拉松，認識同好……。

提醒退休男人，在人際關係上無法自立，就等著被太太拋棄，因為太太更害怕被你連累，害得她連一個朋友都沒有，只能回家和你大眼瞪小眼一直到老。

10

人到中年，就是要玩，還要玩到廢寢忘食

要獨立老，很重要的一項能力是會玩樂，活得盡興與精彩。而可以持之以恆、不易厭膩的玩樂，都具有學習性，要學會才玩得開。所以，每隔一、兩年學習一項新的玩樂，學到上手，呼朋引伴一起玩，既有成就感，也充滿樂趣。

你是不是也有這種心情？不少人早就財務自由，或是簡單過日子，省吃儉用也能做到下半生衣食無憂，因此心裡很想退休，但是不敢退休，為什麼？

「我不知道退休之後要幹嘛？」

「沒事幹，應該很早就會得老年癡呆吧？」

不愛玩的人，很多莫名的恐懼

所以學會玩樂，是每個人必須及早培養的興趣，更是一種過好下半生的生活能力。可是說到退休日子的玩樂，有些人以為只有旅行，因為終於不必請假就能心無罣礙地去旅行。不過轉念一想，另一個問題來了，旅行是奢侈的玩樂，所費不貲，不可能天天旅行啊！於是大家又陷入新的困境：

「不旅行的日子，不知道要做什麼……」

可見得，學會各種不同的玩樂才是真正的重點！每一段日子，找一件自己可以廢寢忘食的事情去玩樂。但是大人的玩樂，不像小孩一樣拿起玩具就能玩上半天，而是一項技藝，得先學習上手之後，才能夠完全融入，樂在其中，甚至進入心流狀態，達到忘我的境界。

總之，它必須是一項值得專注學習的玩樂，在學習過程中，不致失去耐性，而能夠持之以恆。否則很多大人因為忙了大半輩子，活得辛苦極了，一碰到要學習的事務，就會搖搖手推辭：

「太麻煩！既然退休，我就是不想要有壓力。」

「年紀大了，記性不好，手腳不靈活，我沒辦法學得來。」

玩樂之前，先認識自己

說到這裡，你知道自己對哪些玩樂可以做到廢寢忘食、樂不思蜀嗎？很多人其實是說不上來的，就算有答案，也不見得百分之百確定。那麼，對於玩樂這件事，必須認真對待它，展開一趟自我探索之旅，先從認識自己開始。

我這麼說，你是不是覺得很好笑？心裡想著，都活大半輩子了，怎麼可能不認識自己？可是這的確是事實，很多人會工作、會帶小孩、會照顧家人，卻不太知道自己究竟是什麼樣的人。即使知道，也很表面，並未深究到底。因為這些人上半輩子，是為別人過，沒有自己，這就是糊塗、將就，也委屈了自己。

人生下半場要開打了，你還不下場玩一玩，為自己好好踢一場球嗎？如果不想再坐在場邊幫別人當啦啦隊，就必須自我探索、了解自己，至少先找到一項玩樂，足以讓自己廢寢忘食，全神投入。

然後像個新生兒一樣，對這項玩樂的任何事都感到新鮮好奇，都去摸一摸、試一試，光這個過程就令人每天興奮滿滿，這就是快樂的學習。

一般人都以為，只有年輕人為了選科系或找工作，才需要做自我探索，這是錯誤的觀念。因為人的一生是不斷在成長進步，每個年紀各有不同心境與需求，人過中年，不需要選科系或找工作，卻必須為了享受人生做自我探索，認識自己喜歡哪一種玩樂。早一點自我探索，早一點培養興趣、學習玩樂，就可以早一點享受美好人生。

不要像上一輩那樣過日子

我認識一對姊妹，姊姊在一家外商任職主管，長期處於高壓狀態，經常忙到昏天暗地，沒時間好好吃頓飯，連睡覺都不安穩。前年發現癌症零期。由於單身，沒有家累，存的錢也夠了，家人都勸她提早退休，但是都沒有說動她，因為她不知道退休後能做什麼，理由就和上面那些人一模一樣。

妹妹恰恰相反，從小喜歡運動，而且一定學到精通，既是潛水教練，也是瑜珈老師，同時每年出國旅行兩趟，各一個月，是自由行專家。她和姊姊相差三歲，姊姊不想退休，她卻想得要命，可是財力不如姊姊雄厚，不得不留在職場上繼續打拚。

活在這個世界上，好像很難十全十美，姊姊羨慕妹妹很會玩，妹妹羨慕姊姊很有錢，不過她媽媽倒是下了個結論：

「以後退休了，真正好命的是妹妹，因為她很會玩！就算沒錢了，這些玩樂都能讓她賺到錢，根本不必擔憂有錢或沒錢。」

至於姊姊，媽媽則勸她趁早開始學會玩樂，不只要學會玩樂的技巧，還要學會玩樂的心態。並警告她千萬別重蹈覆轍，像她爸爸剛退休時無所事事就慘了！

學習玩樂，越早開始越值得

她們的爸爸上班時勤奮認真、盡忠職守，雖然因此做了個小主管，卻也把人給做呆了，下班之後只會待在家裡，沒有興趣，沒有嗜好，沒有娛樂，沒有活動。六十五歲退休之後，整個人空掉，不知道該做什麼才好，每天就盯著太太和女兒們東管西管，快把大家給逼瘋了。

「你爸爸這個人呆板無趣、又不懂得玩樂，難以相處，我那時候差點跟他離婚。」

還好，這位媽媽太愛玩，每隔一陣子學一樣東西，學到廢寢忘食，也交了一些同好當朋友，才能夠轉移注意力，不跟先生吵架生氣。她都學些什麼？跳舞、唱歌、品酒等等，她自嘲酒色財氣無不沾、風花雪月無不談，沒有一樣正經，卻都玩到上台表演及上課，比年輕時活得有成就感，最重要的是充滿魅力！

怎麼找到那一件令人廢寢忘食的玩樂呢？以下有三個建議：

一、不要設限，只要你覺得好玩就夠了

人到中年，是為自己而活，不必在意別人的看法。只要自己開心，即使在別人眼裡沒什麼大不了，在自己的心裡，就是偉大！

二、從年輕時一直想做卻沒做的事開始

中年是圓夢的年紀，先從夢想切入，會讓人更帶勁，也容易上手，減少挫折灰心。好的開始是成功的一半，不是嗎？

三、參加同好社團，一起相互打氣加油

一個人固然走得快，但一群人才能走得遠。雖然是玩樂，畢竟仍是學習，有時會遇見瓶頸，有人相伴，比較不容易放棄而前功盡棄。

11

一個人老，一生真正的自由

中年以後，一個人過，一點都不可憐，而是來到最自由自在的美好時刻。尤其過去扮演照顧者角色，更有一種放下重擔的輕鬆，捨不得再回去過一家子人的日子。預先存好兩項老本：錢和健康，就放大膽獨立老吧！

我家一出門，拐一下就是一個小公園，一天三個時段，來的人都不同，早上是老人、下午是孩子、晚上是年輕人。聽到的聲音也不同，早上很安靜，大部分老人都是安靜閒適地坐著，偶爾聊個兩句；下午聽到的是媽媽喊孩子回家吃飯，以及孩子的虛應故事；晚上則是喧鬧聲，不時夾著幾個髒字。

這個公園，等於人生的縮影。就像電影院，早午晚各放一場，三場電影，三種解讀。這一天，我早晚各出門一趟，居然聽到相反的兩段對話。

一個人，兩種情

早上，一個媽媽牽著女兒走過，公園只有一個老人坐在椅子上，看著前方來來往往的人潮，不言不語，女兒跟媽媽說：

「那個奶奶好可憐，一個人，沒有家人。」

我想，在小女孩讀的書本裡、或看的電視劇裡，老人都有家人相伴，兒女也好、孫子也好，沒見過一個人的。如果真有一個人的畫面時，一定是老伴走了、家人遠離故鄉，老人無依無靠，晚景淒涼，好不可憐。

到了晚上十點，兩名國中生補習回家，累垮了，經過公園，看到有個大哥哥坐在那裡喝啤酒，兩條腿前後晃著，兩隻眼直勾勾地望著前方，不帶任何表情。其中一名國中生帶著羨慕的口吻說：

「真爽，一個人，自由自在。」

同樣場景，都是一個人，只是年紀不同，解讀完全迥異。老人一個人，叫作可憐；年輕人一個人，叫作自由。這是小孩子的眼睛看到的世界，等到走過歲月，就明白了，這世界應該倒過來看。

老人一個人，才是來到一生真正自由的美好時刻！年輕人還有工作要打拚、升遷要競爭、各種貸款要付，以及父母的嘮叨、感情的牽絆、人際的糾葛……壓力大到不行，自由不過是一個夢想、一個追尋，哪裡真有自由？

歡喜迎接「一〇〇%空巢期」

明月四十三歲那一年，先生中風，纏綿病榻十五年，她要工作養家，還要照顧先生，更有兩個孩子要帶大，雖然有外籍看護，仍然把她累出病來，得了癌症。五年前，先生過世，大家一見到明月就表示哀悼，她也勉強應答著。由於我跟她太熟了，後來她跟我說出心底話：

「他走的那一刻，我一點都不傷心，只覺得鬆了一口氣，肩上重擔放下來，我終於自由了，感謝老天！」

當時孩子各自結婚成家，問明月要不要搬到他們家一起住，她一概婉謝好意，因為好不容易送走老的，才不要再忙小的，成了不折不扣的「老媽子」。不過她倒是做了一件事，把大房子賣掉，換到兩間房的小屋，打掃起來輕鬆省事，她笑著說：

「不要說家人，我連家事也省了，都是負擔！」

我問明月，一個人住，都在做什麼？她說，很多人問過她相同的問題，好像一個人住很無聊似的，其實一點都不會，反而更忙！

以前忙老的和小的，已經暈頭轉向、疲憊不堪，根本沒有時間與精力做自己的事；現在不一樣，她把年輕時喜歡做的、想要做的一項一項拿出來做，學這學那，朋友也因此變多，經常相約到處吃喝玩樂，生活精彩得很！

比如她和朋友組了美食團，星期假日就拿著美食地圖到各地輕旅行，一邊吃一邊玩，發現不少私房景點，打卡拍照，放到FB上大秀一番；或是學習唱歌，經常吆喝大家去唱卡拉OK，也錄影下來，LINE給親朋好友討拍……

「他們都說，我這個寡婦一點都不悲情，快樂得不像樣，呵呵……」

有老本，才能談自由

兒女則說，以前老媽每天苦著一張臉，很少有笑容，毫無幽默感，現在越老越活潑有趣，比他們還時髦、還會玩，看起來年輕漂亮多了。所以前一陣子，有個小七歲的男人追求明月，她倒不是嚇壞了，而是覺得麻煩，一想到每件事都要彼此配合與調整，就跟對方說謝謝，不再連絡。

「我一個人自由自在慣了，不想旁邊有個小跟班，提醒我前半生有多麼不自由。」

明月今年六十三歲，這麼一個人過下去，真到八、九十歲，玩不動了、做不了事，怎麼辦？明月拍拍我的手說，別擔心，她曾經罹患癌症，雖然治癒，還是需要長期追蹤，能活多久不知道，不如趁著這時候盡情享受人生，不要白來這世界一趟。至於真到那一刻，她想過了，直接送安養院，別給兒女添麻煩。

「自己的人生，自己負責。如果還要靠別人，就談不上自由。」

所以明月除了吃喝玩樂外，也積極做兩件事，第一件是繼續保持工作，繼續賺錢；第二件是固定運動，保持健康。存錢與存健康，是明月認為最重要的兩項「老本」；有了老本，老了才能獲得真正的自由。

明月原來在大企業任職財務主管，薪資優渥，不過產業變化快速，公司營運日益沉重，從高速成長到低速成長，再到現在有時負成長，讓人憂心飯碗是否保得住。尤其明月年紀大、薪資高，是最容易被資遣的一群。於是六十歲那一年，當公司祭出優退方案，明月率先請求退休。

之後明月運用專業背景，擔任兩家公司的財務顧問，並且到企業開課，成為這個領域的知名講師。算一算，收入大約是過去薪資的六成，但是反而可以延長工作壽命，做到很老，不必擔心有被辭退的一天。做自由工作者，工作量沒有減少，卻賺到了更寶貴的資產——時間的自由，以及心理的自由。

「工作壓力減輕，賺到無形的健康，也是財富呀！」

一個人老，必須有本錢，最重要的是錢與健康，以及具備正確的心態，懂得安排生活、享受人生。

這樣的老去，是前半生無法奢想的自由，也是心靈真正的富足。

PART 2

絕不跟錢過不去，才能老得有餘裕——富人與成功者沒有退休的一天

有了錢，人生才做得了主。要活很長，需要用錢，有工作就做，有錢就守好，別被家人給拖累，做到有錢沒錢，健康平安最好。

1 為什麼有錢人都不退休？

人越來越長壽，活到一百歲不成問題，可是存夠養老金了嗎？

如果存不夠，就會變成下流老人，晚景淒涼。

想要獨立老，基本門檻是經濟獨立，現在不妨把興趣與才華經營成微創業，能夠雇用自己，延長工作壽命。

成功者的腦袋，的確是不同！

張小燕手上最後一個節目《小燕有約》停了，沒有事業、沒有主持，完全沒有舞台。對於這麼一位已屆七十歲的人，一般人的第一個反應一定是，年紀大了，工作幾十年也累了，趁這個時候退休，讓自己好好休息，做一個「好命的老人」。

這麼有錢，為什麼還要工作？

但是沒想到，從童星演起，至今工作資歷超過六十五年，張小燕在接受媒體採訪時，告訴記者，她完全沒有想到退休，將來若是沒有節目可以主持，就製作節目，她還有很多的想法，期許自己能有更多新的突破，帶給觀眾更多的驚喜。

這，說明了什麼？

就是我一直在強調的一個現象，富人與成功者沒有退休的一天，「退休」這個念頭從來未曾在他們的腦袋裡有一刻閃過。

退休這件事，主要是上班族在想的，每天期待這一天趕快到來，因為工作是辛苦的、鬱卒的，沒有多大價值，能不做就不做，所以當他們看到富人與成功者直到年紀很大還在工作，都深感不解，問道：

「都這麼有錢了，為什麼還要工作？」

這話說到點了，沒錯，這麼成功、這麼有錢，也到一把年紀，工作的確不是為了賺更多的錢，而是更多的樂趣，帶來更大的活力，感到依舊青春。

同樣是上了年紀，富人與成功者看起來更年輕，一般人以為是有錢進補養生，也沒錯，但是另外一個秘訣是他們一直在工作。

工作裡，藏著青春的密碼

其實，對於張小燕來說，二〇一七年是不好過的一年，辭去飛碟電台董座、出售豐華唱片經營權，以及陸續停掉《SS小燕之約》、《K歌大明星》等節目；二〇一八年初，最後一個節目也沒了。

縱橫影視圈的小燕姊，照理說應該陷入低潮，心灰意冷，引退江湖，但是她並沒有，反而雄心勃勃，認為目前不過蓄勢待發，在等待東山再起的一天。

可見得，工作是有魅力的！

問題是，比起這些富人與成功者，一般人與上班族更應該繼續工作。因為未來每個人都將活到很老，台灣的平均壽命已經突破八十歲，每十年會延長二至三歲，目前的年輕人活到平均九十五歲是沒問題的，請注意這是平均值，也就是有人會活到一百歲以上，以後的百歲人瑞不會有市長在重陽節去送禮，太稀鬆平常了，放眼望去都是人瑞。活這麼老，最重要的兩件事是健康和有錢，而一般人與上班族很少有存夠錢的，怎麼辦？

一個辦法，到了很老還在工作。

多數人的未來，老了還要工作

有人一聽到這個建議就翻白眼，大喊：「我才不要那麼老還在工作！」是的，誰也不想，但這不是想不想或要不要的問題，而是一定要，否則老了，誰養你呢？再者，你嫌自己老而不工作，其實企業才嫌你老不給工作呢！這就是日本會出現下流老人的原因。

所以，老了還在工作，對於一般人與上班族，是一個必須積極面對的未來。但是另一個問題來了：企業不用老人，怎麼找到工作？

首先我要恭喜你，現在年輕就開始思考這個問題，及時準備是對的，很多下流老人就是等到老的時候，口袋空空如也，才來想這個問題，不僅慢，也會很慘！

在這一件事情上，我們要跟富人與成功者學習以下這兩件事：

1 做有興趣的事

2 具備創業者的思維

開創屬於自己的「微型事業」

二〇一八年，七十九歲瓊瑤將書重新授權給皇冠之外的出版社；六十六歲張菲睽違六年，重回螢光幕，主持節目；再加上張小燕老兵不死，沒有節目主持，就想製作節目……他們的最大公約數是這個：做自己有興趣的事，日積月累，成為一種獨特的才華，這就是他們一輩子可以在手上捧得牢牢的「鐵飯碗」！也是他們直到年老還繼續工作、樂此不疲的秘訣，因為誰會不喜歡做自己有興趣的事呢？

再來，除了上面這三位「老人」之外，我見過最愛工作的人就是老闆們，當然是因為有錢賺，最重要的是他們不會被辭退，是啊，誰會嫌老闆老呢？只有員工才會被嫌老！

向富人與成功者學習的這兩件事加起來，指出一個方向，趁年輕時，找到一項有興趣的事，努力學習，認真經營，做到能夠成為個人的「微型事業」，也就是在年輕時，拉出生涯第二曲線，在組織外具有一項能力：

自我謀生的能力！

以我的朋友AY為例，他今年七十歲，曾經被四家外商公司資遣，現在自由接案，你猜他接什麼案？居然是幫大企業資遣員工，年收入兩百萬元！誰想像得到被資遣的經驗也能夠拿來當飯吃呢？不過AY端這碗飯，是下過功夫的，也做足準備的，並不是從天下掉下來白吃的午餐。

從年輕時，就拉出第二曲線

AY過去一直在外商公司擔任人資主管，擁有數十年的寶貴經驗，加上個性熱心，很願意分享，於是開私塾，免費指導新一代的人資人員，幾年下來桃李滿天下，後來這些人升為人資主管，成了AY退休後接案的案源。

富人之所以富、成功者之所以成功，不是平地一聲雷就起來了，他們是有想法與做法，努力不懈，日積月累而得來的；作為一般人與上班族的我們，看看他們，想想自己，找到彼此不同的地方，而這就是極待學習之處。今天就向他們學習——

趁年輕時，培養出一項才華，發展成謀生能力，
做成一項可以獨立在組織之外的微型事業！

2

老來工作，賺零用錢也賺健康

工作一輩子，並不是人人都得以財富自由，中年以後還要賺點零花錢的人比比皆是。保有一份工作，工時短些、工錢少些，有得忙、有得賺，並與社會有連結，有助於維持健康與活力，最主要是活得有尊嚴！

華視有個節目《前進高齡》，是黃越綏主持，她的主持風格獨特，有洞察人世的智慧，也幽默風趣。有一次訪問台灣歌仔戲第一苦旦廖瓊枝，這位八十四歲的人間國寶去年還登台唱戲，平日則有個戲班，指導學生演戲，完全不得閒，黃越綏打趣說：「妳這麼愛賺錢喔？」

廖瓊枝也是大學副教授，不以為忤，還被逗笑了，一臉坦然地回了一句台灣俚語：「加減賺，才不會窮。」

我聽了覺得有意思，也在理，大多數的人都要加減賺才能存點錢，只是廖瓊枝年逾八十，想不到還存有這個念頭，可見得能夠賺點零花錢，連老人都想！廖瓊枝也不過說出多數老人的心聲，自己賺自己花，想吃什麼、想用什麼都自己來，不必伸手跟人要錢、不必看人臉色。

接著，廖瓊枝說，年紀大了，整天躺在床上不動，會變得憂愁起來，操心這操心那，好像人生無望。要活就要動，像她忙著教學、編戲，每天都要出門忙這忙那，鎮日跟年輕人在一起，聽他們說說笑笑，也跟著有活力了，腦筋也變得時髦起來，不會想東想西、盡想些灰色的事情。

「這樣可以賺錢又賺健康，很好啊！」

阿母要去上班？

朋友的外公是中部的黑道，家裡進進出出不是大哥就是小弟，她母親從小耳濡目染，也頗有大姐頭的架勢，做的生意無一不是八大行業，黑白兩道都熟，很吃得開。可是人總是會老，有失勢的時候，生意倒的倒、收的收，加上兒子不成材，把家產敗光，讓她手頭變得死緊，不得不摳摳減減過日子。

去年朋友回中部探視母親，晚上八點，看到母親擦脂抹粉、穿得花枝招展，把她嚇壞，以為母親窮得不得不淪落到去做……但是怎麼想都不對，都八十七歲了，怎麼可能？

「阿母，妳要去哪裡？」

「我要去上班。」

真是被朋友料中了！她母親開過酒家，酒家小姐有個文雅的稱呼是「上班小姐」，而「上班」指的是要去酒家工作。問題是，哪間酒家要請她母親啊？朋友怎麼都想不通。

「去哪裡上班？」

「去吼得魯（hotel，賓館的日語發音）啊，阿水那間。」

天啊，果然是真的，朋友的眼珠子都掉到地上滾了一百公尺遠，她囁嚅地問母親：

「阿水為什麼會請妳去？」

「他欠我錢，還不起，我只好去上班，做櫃檯大夜班，夜裡收的錢較多，才抵得了債，要不然等到我死也還不了錢。」

這是我聽過史上最強的「黑道女兒」，八十七歲還在過討債人生，一毛錢都不放過，以免死不瞑目。朋友卻是不放心，夜裡到賓館的人盡是牛鬼蛇神、各色人等，母親再血統純正，畢竟是個年齡古稀的老太太，萬一有個三長兩短，怎麼辦？哪知母親霸氣十足回她：

「驚啥米？賺錢重要！」

可見得如果身體還吃得消，很多老人都想多多少少做點工作，賺零用錢也賺健康，有地方可去，不必整天窩在家裡啥事不做，骨頭都要鏽掉了。

而且最重要的是，當他們含辛茹苦把五個八個子女拉拔長大之後，才愕然發現一個殘酷的事實：不是有子女就能夠養老，也不是所有子女都養得起父母，即使到老了還是得靠自己才行！

子女給的錢不夠用

我同事的父母只有小學學歷，能做的工作不多、能賺的錢也少，但是夫妻倆盡心盡力，一生積蓄都用在教養子女身上，除了一棟房子遮風避雨外，手邊沒攢多少餘錢，老來非常需要子女的接濟。

令人慶幸的是三個子女都成材，遺憾的是每名子女背後都有家庭要養，三人給的生活費合起來不過萬把塊錢，根本不夠用，只能自己想辦法。

於是同事的父親找了一個工作：地下停車場收費員，每天工作十二小時，月薪一萬五，不符合勞基法，但是如果不屈服這個條件，誰要雇用七十三歲的老人？這份工作是夫妻倆一起做，在父親吃中飯與晚飯時間，母親會來頂替兩小時。

這樣的工作、這樣的環境、這樣的待遇，哪個年輕人肯屈就？同事的父母做了三年，有個地方能去上班、有份薪水可領、有來往的人講兩句話，二老倒是甘之如飴，感恩得很，認定這個夢幻工作，兢兢業業，深怕丟了飯碗，必須跟子女伸手要錢，看著子女蹙起眉頭、勉為其難的樣子，因此同事的父親說：「自己賺比較爽。」

遺憾的是，這一代老年人對於養兒不能防老發現得太晚，未曾及早準備老來工作的能力。但是這一代中年人不一樣，除了警覺到子女的薪水相對不如自己年輕時來得高，工作機會也不穩定，即使在大企業依然會遇到資遣或裁員，未來要靠子女養老的可能性微乎其微，自己必須要工作到很老，才能安頓老年生活。

七十歲以後，還想工作賺錢

當我遇到中年人，習慣性會問打算工作到幾歲，以前常聽到六十五歲或更早，現在越來越常出現下面這三種答案：一是七十歲，二是七十五歲，三是工作到不能做為止，不退休也可以。即使是財富自由，不需要著眼在賺錢上，也有人想藉著工作，維持活力，與社會連結，賺到身心健康。

因此人到中年，有一個新的課題需要思考，除了薪資工作外，在退休之後有沒有從事其他兩種工作的可能性？

收費的工作：比如做時薪人員、企業顧問等。

免費的工作：比如志工等。

當然，老來工作，圖的只是賺零用錢；至於養老金，還是要趁早存妥。不論是老來的工作或養老金，你都準備好了嗎？

記得：錢和健康，是老來最重要的兩個依靠，而不是政府或子女。

3

有了錢，你的人生才做得了主

年輕時，沒錢理所當然，可以說得理直氣壯；

到了中年，還沒錢，會擔心被笑，很難說出口。

可是錢這件事不解決，人生做不了主，談別的都是隔靴搔癢。

要獨立老，第一要事是解決金錢問題，膽子才會大，腳步才會堅定。

人到中年，最重要有兩件事，一是錢，二是健康，缺一不可。一旦缺了哪一個，這個人生，就無法由自己做主，而是要讓位。至於讓位給誰，就看命運怎麼決定。沒有發言權，沒有主導權，有如油麻菜籽，隨風而飄，落到哪裡，長到哪裡。

錢，不必用來仗勢，但絕對可以壯膽。

不要為了賺錢而求職

我每一季都會到政府設立的「銀髮人才資源中心」做一次諮詢，對象幾乎都在六十歲以上，幫他們突破就業瓶頸，找到理想工作。這麼大的年紀，可以想見任務之艱鉅。每次諮詢之前，反覆細讀個案的資料，頭皮都快抓破了，還想不出一個對策。

沒想到，輔導員每次事後都告訴我，被諮詢者各個都表示對我非常滿意。怎麼會？我每次事後都懊惱得很，覺得自己沒幫上忙，自責不已。後來我想通了，因為我理解他們。怎麼說？

第一次諮詢時，有兩名退休公務員，一名六十七歲，心急如焚，非要馬上找到工作不可，還要四萬元以上才行；另一名六十歲，不僅不急，還說退休了就是要做喜歡的事，不喜歡的事何必做？兩人天差地別，震撼了我，不過很快地，我就抓到關鍵點，這兩人乍看起點一樣，終點卻大大不一樣，差別在於一個缺錢，一個不缺錢。

後來我寫一篇文章，題目是〈老來，千萬不要為了賺錢而求職〉，結尾有一段話：

年輕時，為五斗米折腰，是一種歷練，是一種成長；老來，為五斗米折腰，是一種悲涼，是一種折磨，千萬不要讓自己這樣走到人生終點。

刊在我的FB粉絲專頁之後，按讚數與分享數破天荒地高，這樣的共鳴為我帶來第二次震撼。

我思前想後一個晚上，終於想明白，未來會缺錢是很多人「沒臉」說出來的恐懼，他們害怕下半生不是在退休養生、怡情養性，而是為了賺錢，到處求職，並且不斷碰壁，成為下流老人。

先談錢，再談求職

到了第二次諮詢時，我就改變策略，一開始不先談求職，而是先確認對方缺不缺錢。當我提到錢時，我從他們的眼裡看到一種「被理解」的感激，因為有錢的人怕別人知道他有錢，沒錢的人怕別人知道他沒錢，通通說不出口，而我幫他們起個頭，他們也就可以順勢敞開來說。

接著，缺錢的，我跟他們談的是錢；不缺錢的，我才跟他們談求職。錢這件事，沒有搞定之前，是談不了求職的，因為談不到位，也會搞錯重點與方向。

大剛年輕時是一名業務高手，後來開公司，生意興隆，攢錢買了五間房子，哪裡知道五十歲時不幸被倒債，五間房子全部賣掉還不夠賠，最後落下幾百萬元卡債未清。只要大剛有工作，不論天涯海角，薪資就會被銀行全數追回，大剛迫不得已淪為「黑戶」，沒有勞健保、沒有勞基法保障的最低工資。

問題來了，收容黑戶的企業中，有些並不是來做慈善的，而是存心占便宜，剝削他們、凌辱他們，欺負他們只能隱忍、不能張揚的難處。可是大剛當了二十年老闆，怎麼會低聲下氣？所以只見大剛不斷負氣離職，而收入不穩定的結果，健康也亮起紅燈。講到這裡，他還很自責地說：

「是我的修養不夠，無法像別人那樣忍耐；都這把年紀了，真是不應該。」

有錢，才能談孩子

這哪裡是忍耐與否的問題？經由引導，慢慢地，大剛自己發現癥結出在缺錢，於是決定正視財務問題，辦理財產清算，宣告破產，而不是躲著給銀行找。等到這部分處理告一段落，再來談求職，這時候他就可以抬頭挺胸回到老本行，做業務，賺高薪。結束諮詢時，大剛握著我的手致謝，並說：

「等到錢的事搞定了，重新拿回人生主導權，找工作就會順利多了。」

大剛這段肺腑之言，應該是很多人生困境的關鍵性解答。沒有錢，人生就做不了主，談什麼都是隔靴搔癢，求職是，婚姻也是。

小芬是我的讀者，今年四十二歲，時不時就來跟我說，她很想離婚，因為先生又外遇了，上次是秘書，這次是業務經理，盡是吃窩邊草，而且偷腥還不擦嘴，不把小芬當作一回事。每年吃尾牙，小芬坐在主桌，總覺得另一個女人才是老闆娘，而自己什麼都不是，只是有名無實的道具，沒有光環，只有卑微；沒有威風，只有羞辱。

這樣的情況，持續十年……為什麼沒有離婚？小芬一開始說，捨不得兩個孩子，後來才坦承，離開先生，一點謀生能力都沒有，連養自己都有困難，更何況養兩個孩子？如果時光倒回到小芬剛畢業時，這個人生結局實在令人難以想像。

人生要自主，就是要有錢

小芬從小到大成績優異，讀的都是第一志願，離開校園就在外商任職，領的是同齡兩倍的薪水。因為長得甜美可愛，很快地被在同一家公司的先生追走了，結婚之後，三年內陸續有兩個孩子，而先生創業有成，便要求小芬辭職在家，小芬也願意，這是她夢寐以求的美滿家庭原型。沒想到，先生在志得意滿之餘，開始捻花惹草，外遇不斷，傷透她的心。

這樣的故事太多太多了，很多女人離不開千瘡百孔的婚姻，最常聽到的說詞是捨不得孩子，其實未必，真正原因是缺錢！如果有錢，孩子是帶得走的，也養得起的。所以女人沒有錢，連婚姻都做不了主，更何況人生？

每個人都要做到以下三件事，才能對人生做得了主：經濟獨立、情感獨立、生活獨立。做到這三個獨立，有錢、有自我、有健康，就不必依賴別人，也不必委屈自己，在這天地之間，活得有尊嚴、有風骨。彼此共勉之。

4

聰明的女人，不讓家人知道自己的口袋有多深

從前不論男女，都有一個習慣——藏私房錢。到了這個時代，似乎有些落伍與可笑。但是聰明的女人都明白，藏私房錢是個至理，以備不時之需；也不讓先生與兒女知道自己的口袋有多深，他們才會懂得努力上進，自己也才能少操點心。

我有三個女性朋友是哈櫻族，每一年都會相約出國去看櫻花，日本啦、美國啦，從南到北一路追櫻，開心得不得了。有趣的是，她們還根據對方的性格，各封了一個名字，分別是美國櫻、日本櫻、台灣櫻。

這一天，她們從日本櫻島回來，找我吃飯，一起看照片，而日本櫻的先生也來了，一桌子五個人，天南地北地聊，好不盡興。臨到尾聲，日本櫻的先生走去櫃台把帳付了，我覺得怪不好意思的。等她先生回座位，只聽到日本櫻特別提高聲調說：「我先生賺得多，就他請了，大家別客氣喔～」

這時候，只見她先生的臉上閃過一抹光彩。然後，日本櫻靠過去，勾著先生的手，深情一望，輕輕地說：「謝謝你，不只養我，還養大我們的孩子。今天連我的朋友們也一起養了，真是太給我面子！」

娘家有錢，不讓先生知道

吃人手軟，我們當然七嘴八舌湊過去瞎扯兩句，什麼「娘娘們叩謝」都說出口，接著一陣一陣爆笑，笑到眼淚都掉了出來，算是為這餐飯畫上一個漂亮的句點。

回家的路上，我和美國櫻一起搭捷運，才知道日本櫻的先生是普通上班族，在一家三十幾個人的小公司，月薪五萬多元。

我一聽，覺得剛剛那頓飯吃得著實不安心，不過我更好奇的是——

「這點薪水，怎麼養家？」

「家是日本櫻在管，她cover得過來。」

「日本櫻不是家庭主婦嗎？」

「可是她娘家有錢啊！」

接著，美國櫻透露一個天大的消息，日本櫻的父親三年前過世，留下一筆遺產給她，算一算六、七千萬跑不掉，所以日本櫻根本不在乎先生賺多少錢，但堅持先生一定要賺錢養家，認為這樣的男人才是有擔當、負責任，也不致懶散、出毛病。

我問：「會出什麼毛病？」

美國櫻壓低聲音說，「就像台灣櫻！」

台灣櫻工作忙碌，我跟她不熟，忍不住問她怎麼了嗎？

「她的問題，出在太笨，讓先生知道自己的口袋有多深。」

「然後呢？」

「就很慘啊！」

有恃無恐，以致先生長期失業

這三株櫻花樹，就屬台灣櫻最聰明能幹，在大企業任職高階主管，年薪幾百萬，二、三十年工作下來，照理說應該攢了不少錢，生活無憂無慮，結果並沒有！原因是她先生不只失業十多年，還拿她的錢去做股票，賠了一屁股，目前的財產只剩一棟小公寓，而兒子在美國讀博士、女兒在日本念語言學校，整個家計壓得台灣櫻喘不過氣來。

我這時才恍然大悟，難怪喔，稍早在餐桌上，台灣櫻談起最近公司在辦理優退，擔心工作不保，還說：

「我不只要做到六十五歲，還要做到七十五歲。」

我不知道內情，還握拳呼應台灣櫻，直說棒透了，我鼓勵老來不要退休，不必全時或正職，但要繼續工作，以保持活力、與社會連結，卻看到美國櫻瞪了我一眼，那時候我一肚子奇怪，心想我哪裡說錯了嗎？現在我知道，台灣櫻要做到七十五歲，是因為放不下肩上的重擔，並不是熱愛工作、不想退休。

美國櫻說，台灣櫻夫妻一開始並不是這樣，先生很認真工作，但是跟老闆理念不合，在負氣之下離職。為了爭一口氣，發誓非得在外商工作不可，卻陰錯陽差，一直錯過機會，一年過後就成了長期失業，更難出門求職。

可是不工作不行啊，總得有點事做，於是台灣櫻拿出多年積蓄讓先生做投資。這一來更慘，先生看似有了個工作，煞有介事地忙了起來，但是股海無情，投下去的錢像是丟進汪洋大海，沉了，連冒個泡也沒，把整個家計拖進無底洞，深不可測。

不做非分之想，腳踏實地做人

這也是為什麼台灣櫻是她們三個人當中，最會賺錢，卻也最苦哈哈的一個。日本櫻看不下去，給台灣櫻提了個醒，告訴她，女人就是要有私房錢，絕對不能讓先生知道這個錢，更不能讓他知道有多少錢，因為——

「錢多，會喪志。」

日本櫻明著是用先生的薪水在理家，暗著會每月貼補一萬三萬。先生和孩子不理家，不知道家用夠不夠，只覺得生活還過得去，該吃該買都不缺，但是也知道要有節度，不可以鬧到入不敷出。

這麼多年來，日子過得挺舒適自在，先生完全信任日本櫻，從不過問錢項，也就不知道她的財力雄厚，這件事一直隱瞞得恰恰好。而一家人也因此各就其位、各司其職，先生努力工作、認真賺錢，卻也不致有過大的財務壓力；孩子用功讀書，不讓父母操心。

另外，日本櫻規畫每兩年全家出國旅遊一趟，不是日本、韓國，就是東南亞，都是短程旅行，花費不大，可是重要的不是去哪裡，而是全家人一起去，因此人人玩得開心滿足，享有極高的幸福感。

日本櫻對於錢財守口如瓶，目的在於不讓家人有非分的妄想，本分盡職地做該做的事，走在該走的道路上，不迷失、不茫然、不脫軌演出。這個家像一條大船，在日本櫻掌舵之下，穩健地往前航行。

藏私房錢，就對了

後來台灣櫻在先生面前，開始裝窮，不再像過去炫富，讓先生知道自己賺的是高薪。其次，與先生做財務切割，收回所有的帳戶，不讓先生知道家裡有多少錢。這麼做之後，台灣櫻對未來就比較有安全感，不過她仍然感嘆：

「我聰明，但沒有智慧；我會賺錢，但不會守錢。」

走過中年，越是接近老年，越是沒有多少時間可以工作賺錢，就要懂得守住手上僅有的餘錢。母親教的那一套，藏住私房錢，以及財不露白，一點都不過時，是後半輩子最需要珍惜並謹守的金玉良言。

5

現在你不分財產，身後就是子女搶財產

努力打拚一生，攢了些財產，不就是要留給子女一個無憂無慮的未來嗎？人生無常，不妨趁著意識清楚時，把財產做合理分配，預寫遺囑，千萬不要留到身後讓子女為了爭奪財產，壞了手足親情。

貝琳是我的忘年之交，七十二歲了，最近我們見面，聽她聊聊近況，她說最近很忙，我問她忙什麼，貝琳回答：

「忙著分財產啊！」

貝琳有一對子女，各有嫁娶，家庭與事業都還算平安順利，我不懂發生什麼事，貝琳要選在這個時間點分財產；哪裡知道貝琳的解釋乾脆俐落，她說：

「現在不分財產，等到我走了，他們就會搶財產，這兄妹還做得成嗎？我還能死得瞑目嗎？」

大哥突然過世的啟示

貝琳憑著聰明能幹，以及過人的努力勤奮，白手起家，開了一家公司，前二十年光景好，攢了不少錢，加上眼光精準，投資房地產，財富更是連翻三倍，住在台北最貴地區的一棟百坪豪宅裡，可以想見她的家產不可小覷。

但是按照一般人的觀念來看，貝琳身體健朗、精神奕奕，還在掌管公司的經營，看起來再活蹦亂跳一、二十年沒問題，還不到要分家產的年紀。該不會是有什麼隱情？貝琳的閱歷深，馬上看出我的疑惑，她說，幾個月前的確發生了一件大受驚嚇的事，讓她突然警醒過來，發現在身前處理財產的必要性與急迫性。

貝琳的母親九十五歲，長年臥病在床，由大哥照顧。大哥單身未婚、性情古怪、脾氣暴躁，其他手足對他一向敬而遠之。其中只有小弟侍母至孝，每天打電話給大哥，關心母親的近況。七月時，小弟帶全家出國旅行，仍然每天打電話，但是打了三天都沒人接，便LINE其他手足去了解看看。

二妹第一天就去了，看到母親躺在床上安然入睡，就匆匆離去，沒敢跟大哥打個照面，就直接給小弟報平安。哪裡知道等到小弟回國，趕到家裡，才赫然發現大哥已經死去，而母親也餓了兩天未進食，最後把命救了回來。

這位大哥長期失業，沒有收入，一直以來都是靠手足接濟，誰也料想不到他在身後居然留下三張股票，不值什麼錢，有一張還下市，可是母親仍然必須繼承，問題是母親無法起身去辦理，弄得貝琳到處奔波，折騰不已。

手足的感情，經不起金錢的挑撥

她看著母親快速衰弱，去日不多，實在難以想像不久後要為母親再辦理一次遺產繼承，而且這次將更複雜，總共有五個手足，怎麼分都不平均，難杜悠悠之口，多多少少都會撕裂關係，在心中種下嫌隙的種子，離間彼此的情感。

可是，能怎麼辦？很難辦啊！有一次貝琳跟母親提議，是不是就把財產分了？

母親幡然大怒，用顫抖的手指著貝琳說：

「我還沒死，妳就要分財產，那我現在就去死好了。」

貝琳眼見日子一天天過了，分財產的問題日益急迫，再這樣蒙混下去不是辦法，於是趁著母親沉沉入睡之際，嘗試將一些不那麼有價值的東西先分一分。果然如她所料，意見紛雜，吵成一團。這使得貝琳心中有數，不值錢的東西都擺不平，值錢的東西更是難上加難，將是母親身後最大的問題。

因為這件事，貝琳驚覺到，她的財產比母親可是上百倍，項目複雜，有房產、股票、基金、債券、珠寶、字畫、骨董等，還要分給兩個子女，可以想見有多麻煩！

不過麻煩還不打緊，貝琳擔心的是，在她身後，子女是彼此至親之人，假使為了分財產鬧得鬩牆，破壞手足情誼，才是最令她心痛之處。思及至此，貝琳反問自己，這一輩子辛勤工作，到底想留給子女什麼？

「不就是留下一份親情，給哥哥一個妹妹、給妹妹一個哥哥，以及一個不必為了生活煩憂的未來嗎？」

手足再多，也可能一個都沒

假使身後得到的是相反的結果，貝琳決定，倒不如在她有清楚意識的時候，依照自己的意志，處理妥當分財產大事。貝琳是好友，我不免杞人憂天，多想了一些，問她一旦分財產了，孩子會不會因此不理她，輪到她晚年無人承歡膝下，落得孤單寂寞的地步？

「呵呵，不會的，我可以先分好，寫好遺囑，再逐年繼承呀！」

像貝琳這樣的案例，不要說新聞屢見不鮮，生活周遭也不乏這類故事。我的小學同學麗達就是一例。她父親做建設，留下不少房子，有一年夫妻兩人發生意外，不幸車禍過世，留給七個子女一個棘手問題，財產怎麼分？兄弟姊妹因此為了分房產鬧得不可開交。

每棟房子的價值各不相同，請來的鑑定師說法也不見得一致，加上手足經濟狀況不一，吵鬧不休，有時候還大打出手，甚至互控對方，直到十多年後才塵埃落定，但手足的感情也吵沒了，互不往來。

麗達是家裡老么，每每說到這個家庭悲劇，都淚如雨下。她認為，父母親打拚一生、省吃儉用，留下偌大遺產，一定不樂見子女反目成仇的結局。而且由於麗達單身未婚，她特別感到一個人活在這個地球上，非常孤單無依……

「可是，我明明有六個兄姊、十一個姪子，我卻是誰也見不著。」

人生無常，沒有所謂的「最後一刻」

我們都知道，人生無常。可是我們都以為，這句話是在說別人，不是說自己，一直存著僥倖之心，相信自己可以活到「最後一刻」，還可以從容不迫地處理一些重要大事。其實這是非常危險的生涯布局，不只危及自己的財務，也傷及子女的感情，留下不可彌補的遺憾。

所以趁著還在當家做主、意識清楚的時刻，及早為身後的事做妥當安排，讓子女無後顧之憂，也幫助他們在這世界上仍然可以享有親密的手足之情，延續家族的血脈關係。

6

因為愛你，夫妻金錢更要分清楚！

中年以後，理財宜穩健保守，可是難防另一半鋌而走險，槓桿操作，投資失利，出現財務大窟窿。可怕的是，這類投資通常都不吭不聲、悄悄進行，等到發現時，已經無可挽回，所以最好分開處理財務，提高安全性。

因為寫文章的關係，會有一些多年未見的老友再度聯繫上，吳大哥就是其中一位。我剛從學校畢業的幾年，接過電視節目的編劇來寫，他是製作人，在電視只有三台時代，吳大哥的收入驚人，很早就賺夠錢，全家移民加拿大，也就斷了音訊。直至上週他來敲我的FB，我才意外發現他悄悄回國了，而且居然想要再找工作。

「我知道妳在人力銀行工作，妳看看我可以做什麼事？」

六十七歲還要到處謀職

我在心底暗暗一驚，吳大哥不是家財萬貫，怎麼會需要再出來謀職呢？更何況他都已經六十七歲了，幾乎沒有企業會錄用如此高齡的長者，於是我明白的跟吳大哥說，唯一的辦法就是創業。誰知道他回答，沒有資金可以創業，通通被老婆玩期貨給玩沒了，千金散盡，一貧如洗，眼前還有幾十年的日子不知道要怎麼過下去。

心裡不禁飄過一絲悲涼，都這麼一把年紀，逼近七十古來稀，還要為三餐溫飽愁苦與奔走，令人心疼。事情的經過是這樣的，原來吳大嫂在家閒著沒事，一些理財專員搭著姊妹淘這一條人脈找上門，要她買這買那，後來進一步牽線做期貨，結果做到傾家蕩產，不可收拾。聽得我焦急萬分，不過也一籌莫展，想不出吳大哥還能找什麼事來做，只得問起他的兒女能不能擔負奉養的責任，他卻是坦率的直言，自己沒有養兒防老的觀念！

「養老是每個人自己的責任，父母不能成為兒女的負擔，他們各有家庭，照顧下一代都來不及，上一代是顧不了的，這一點我相當通情達理，完全不能責怪他們。」

還是我印象中的吳大哥，寧願自己多付出或吃苦，也不願意麻煩別人，即使是自己的兒女。不過，也是句句實話。當兒女的經濟能力有限時，一般而言，一定是優先將資源撥給成長中的下一代，至於已經進入老年期的父母則擺在相對其次的位置，這個現實面是所有年老父母心裡都要通透明白的。

罹患憂鬱症，教會她這件事

吳大哥這個事件，在很多家庭都上演過，問題出在家裡總有一個人是膽子大、愛冒險，會去創業或投資。創業可能還會大張旗鼓，人盡皆知；至於投資則不少是一個人靜悄悄地暗著來，一旦投資不利，爆發開來，都是不得了的財務黑洞，把全家人的未來全部拖垮，另一半事前完全被蒙在鼓裡，連勸阻都沒有機會！

這是因為中年之後，很多人擔心退休後沒有收入，便拿房子貸款或領出存款，想要最後一搏掙點錢，老來安逸的過日子。可是，理財存在著風險，當槓桿操作失衡，極有可能賠光老本，債台高築，嚴重者會影響到餘生，以悲慘坐收。因此，除了設定資金防火線及投資停損點外，夫妻之間的金錢切割清楚也非常重要，最好能事先約定財產分別制。

好友Leslie是另一個例子，她年輕時經過慘痛教訓，中年後才懂得勇敢和家人切割金錢。今年七十歲的她，還活躍在商場中，有一次我問她何時退休，她不僅愣住，還反問我：「什麼退休？」從她的反應，我才驚訝的發現，原來退休這個選項從來未出現在Leslie的生涯布局裡，足以想見她有多麼熱愛事業！為了維護事業的完整性，三十餘歲時甚至不幸罹患憂鬱症多年，而糾結的對象竟然是一生至愛的父親！

Leslie聰明優秀，大學畢業後前往美國留學，因為不慎錯過新學期的開始，第一年不得不旁聽。就在這時候，台灣的貿易開始熱絡起來，於是她一邊上學一邊做進出口，站在浪頭上，Leslie做得有聲有色，賺到相當今日價值十多億台幣的資產。不過她堅持把書念完，便將台灣的公司交給最信賴的父親經營。

幾年之後，Leslie拿到博士學位回國，發現掌印的父親偷偷篡改股權比例，讓Leslie大為震驚，無法接受最敬愛的父親竟然會詐取她的財產，身心大為崩潰，憂鬱症悄然掩至。為此，Leslie不斷的上各式心靈課程，想要找到療癒之途。有一天，Leslie終於能夠和父親重新啟動對話，把她的不滿傾倒而出。父親這才知道傷害女兒至深，不僅表達歉意，也娓娓道來當時之所以會這麼做的原因。

做好金錢切割，是愛的保證

「我一直覺得妳是家裡最有才能，也最慷慨的孩子，而我在台灣為公司盡心盡力，理當多拿一些股份，便認為妳一定會大方的給我才是。」

「而且，在兄弟姊妹中，妳受到的栽培最多，他們都抱怨我偏心，因此我就認為可以從公司這兒多得到一些金錢上的回報。」

在與父親大和解之後，Leslie學到一生最重要的教訓，家人是世界上最親愛的人，更要做好金錢切割，感情歸感情，金錢歸金錢，各自獨立，不摻雜，不踩線，分際清楚，誰也不會成為誰的負擔，反而感情長遠，生活寧靜。

因此到了四十歲結婚時，對象是外籍人士，兩人各有事業，而經營事業是有風險的，於是Leslie主動提出在婚前立好財產協議書，各自保有所有權與管理權，你的錢是你的錢，我的錢是我的錢，家庭的花用依照項目各別支出。當一方要增資時，不必諮詢另一方的意見，自負其責，一旦經營失利，債務大火也不會延燒到另一方。

就這樣，極其難得的，兩人婚後從未為金錢爭吵過，感情和樂，今年二月還舉辦派對，高調曬恩愛，邀請親友大肆慶祝結婚三十週年紀念。Leslie有感而發的道出婚姻美滿的真諦：

沒有金錢的考驗，才可以專心經營老伴關係。

每一場戀愛的終結，都是走向現實的驚濤駭浪，而金錢是其中最危險的暗礁。金錢處理得當，是中年以後的重要一課，才不會落得兩鬢花白還要辛勤工作以求溫飽，也不致讓人走到人生盡頭，慨嘆這一生很不值。

因此，親愛的，就是因為愛你，談錢為的是不傷感情，夫妻做好財產分別制，起碼維護住安身終老的最後堡壘。

7

買房子，不是父母的責任

子女年幼時，養育是父母的責任；
子女成年之後，經濟獨立、生活自足，是他們的責任。
對於子女，父母開的是責任有限公司，不是責任無限公司。
子女買房，是他們的事，可以幫就幫，就是不能拿養老金來幫忙。

鄰居鳳姊是一名公務員，從來不知道失眠是何滋味，如今卻每天輾轉難眠，因為她擔心年金繼續改革，以後繳不起房貸，會變成法拍屋，一生心血付諸流水。可是我不懂，眼見明年六十歲，工作與收入穩定，子女已在工作賺錢，怎麼會還在擔心房貸的問題呢？

買房子，是父母的責任？

原來，前一波房價狂飆時，鳳姊擔心一對子女買不起房子，趕緊拿出多年積蓄，搶下兩間屋子。她是撥過算盤的，即使退休，省吃儉用，靠薪水八、九成的退休金，以及兒女的薪水，繳房貸是行有餘力；而且兒女有遮風避雨的地方，為人父母的鳳姊也頗感欣慰。

不過，人算不如天算，鳳姊沒想到年金改革之後，退休後的月俸縮水不少……

大兒子結婚了，現在每月光是繳本金利息即高達五萬元，家用緊縮，手頭拮据，年過三十五還不敢生養孩子。小女兒三十二歲，計畫年底結婚，住進鳳姊買的房子，卻為了籌措一百五十萬元的裝潢費而遲疑，還問鳳姊可以贊助多少錢。子女在財務上的壓力，壓在鳳姊的心頭，成為丟不掉的重擔。

「幫子女買房子，不就是父母的責任嗎？」

鳳姊這麼想是有道理的，周遭的同事朋友都是這麼做，年輕時當自己的房奴，臨到退休年紀，一口氣還沒喘過來，又來當兒女的房奴。鳳姊無奈的說：

「現在的年輕人，不在經濟上幫他們一把，憑他們的薪水，是買不起房子的呀！」

這一番話，道盡台灣父母的心情，除非是力有未逮，哪個父母狠得下心，眼睜睜看著兒女買不起房子，無落腳之地？父母寧可省自己，少出國一趟，少吃一次大餐，少買一件衣服……省下來的錢，無非是為了幫兒女買房，讓兒女財務自由，人生有選擇的自由，不必綁手綁腳，勇敢的結婚生子、大膽的換工作，擁抱完美人生。

可是，父母替孩子著想，孩子也能將心比心，為父母設想嗎？從鳳姊的例子看來，似乎有落差。

養老金拿去買房，老了靠誰？

當鳳姊跟兒子說，以後在繳房貸上，可能無餘力再幫忙，兒子的反應卻是抱怨媽媽：「當初我們要買三峽，妳卻非要我們住近一點不可，還說可以補助一些，現在妳不幫忙了，我恐怕不敢生孩子，妳也沒辦法抱孫子。」

女兒也不相上下，認為媽媽撒手不管，是陷她於進退維谷之中，她也有話要說，「房子不整修、不裝潢，是不能住人的！更何況是要結婚的新房，萬一夫妻的感情不好呢？」

兒子嚷著不生孩子，女兒威脅婚姻會出問題，聽不到感恩之語，也看不到有人替鳳姊夫妻擔心退休金不夠，無法衣食無憂的安度老年生活。談到這裡，鳳姊嘆了一口氣，由衷地說出一般父母內心的憂慮：

「我現在幫兒幫女的，養老金都拿出來墊；將來老了，需要用錢及照顧，他們會回過頭來幫我嗎？我可是不敢想！」

鳳姊這一代，雖然號稱是有史以來最富裕的一代，卻也是上養父母，下養兒女的最後一代。也就是說，將來的兒女是不會奉養父母的，不是兒女不孝順，而是經濟能力無法負荷，心有餘而力不足。所以，不論兒女遇到什麼困難，在幫忙之餘，就是不能掏出最後的養老金，這筆錢一定要緊握在自己的手裡，否則財力極有可能向下流動，成為下流老人。

先買房子，才能結婚？

現在日子寬裕，很多大人們幾乎淡忘過去是如何胼手胝足，打造一個家的。當時多數人一生的順序安排，是畢業之後找到工作，結婚成家，最後才是買房子。

當時，大家都是領一點點薪水，結婚後租房子，孩子生下來之後，覺得不能老是搬家，才開始籌錢買房子，而再苦也不能苦了孩子的教育，夫妻兩人有共同目標，一起努力奮鬥，克勤克儉，等到二十年過去，房貸繳清，孩子長大成人，才算是熬出頭來，而過去一路流下的汗水，都長成一整田的稻禾，內心充滿成就感。

可是，面對子女的人生，父母卻要「倒行逆施」，反過來操盤。捨不得子女租房子住，便要他們先買房子，再談結婚生子，於是急得把退休金拿出來幫孩子墊款。家裡只有一個子女，父母還勉為其難；有兩個以上，父母就很吃力。幫不起子女買房的，父母會愧疚，感到對不起子女；至於幫得起的，父母也有另一個煩惱，怎麼公平對待每一個子女。

這些父母的一生，都在為子女而活，最後還把自己的養老和子女的購屋綁在一起，犧牲自己的老年生活，成就子女的人生。遺憾的是，這不是愛子女，而是害子女，既是讓子女經濟無法獨立，也剝奪他們為自己奮鬥的機會。

父母幫忙是情分，不幫忙是本分

因此，在幫子女買房子這件事上，請謹守以下五個原則：

1 買房子，是夫妻兩人（或子女個人）的事情，不是父母的責任。
2 父母幫忙，是情分；不幫忙，是本分。
3 買不起房子，就先租。
4 大房子是從小房子換來的，買不起高價，就從低價買起，量力而為。
5 不是幫忙付款，而是借錢，所以要立下字據並公證。

年輕人必須自己去打拼，自己去努力，只有這樣，才能知道一個人的一生，不能依靠手心向上而獲得所有，必須通過自己的艱苦勤奮才能擁有一切。結婚之後，家是夫妻兩人一起建立的，不論酸甜苦辣，都屬於他們共同的記憶。父母在旁邊，只是觀眾，當他們碰到困難時，給予精神支持；當他們有成就時，就拍手喝采。

子女年幼時，養育是父母的責任；子女成年之後，經濟獨立、生活自足，是他們的責任。對於子女，父母開的是責任有限公司，不是責任無限公司。對於養老這件事，也要認清楚這是自己的責任，不要拿房子來換取子女的奉養。

一碼歸一碼，才能理性的、有智慧的面對自己的未來。

8

愛自己，就要捨得花錢
——不要用錢去買孩子的心

愛自己，不是一句空話，而是要用具體行動證明，包括捨得花錢證明。唯有對自己好，別人看在眼裡，才會對我們好。在抱怨別人對我們不夠好時，也許是因為別人在我們身上學到不必對我們好。

孩子，不再是我們世界的中心。

我們還是愛孩子，只是要學會更愛自己。中年以後，孩子不再是第一優先，地球是以自己為中心在轉。要滿足自己的需求，追求自己的夢想，而這些都需要花錢，不要因為是為自己而買就捨不得，也不要用錢去買孩子的心。

幫女婿出錢，女兒才願意陪她出國玩

有一年我參加歐洲旅遊團，秀英是我的室友，大我兩歲，同行的是她的女兒與女婿，三十五歲上下，新婚兩年，還沒有孩子，感情濃密，一路上手牽手，眼裡只有對方，幾乎忘了有帶媽媽出來玩，我就「順理成章」成了秀英的伴遊。

他們住在高雄，女婿在大醫院任職，女兒是公務員，薪水都在五萬元上下，身上的行頭無一不是品牌，完全想像不到女婿的旅費是秀英支付的。

「我沒來過歐洲，一個人旅行會害怕，希望有人陪。」

女兒一定要女婿同行，才要陪媽媽出國玩，兩人旅費合計二十多萬元，女兒嫌貴，秀英只得幫女婿付錢。我以為秀英是有錢人，但很快的就發現她並不有錢，只是對兒女大方到令人咋舌，對自己小氣到教人心疼。

秀英的先生早逝，靠她在家裡做代工養大四名子女，都學有所長，從事專業職。秀英現在還在做代工，生意越來越少，兼著幫忙帶孫子，卻沒有人給她一毛錢生活費或保母費，因為他們認為媽媽在賺錢，足以養活自己。秀英節省成性，這趟旅遊是第三次出國，前兩次是去泰國、日本。

捨不得幫自己買一樣東西

同住旅館時，我注意到秀英未帶任何一樣保養品，歐洲氣候乾，於是拿出自己的借她用，擦了臉之後，秀英露出少女般的嬌羞問：

「是不是變好看了？」

「味道真好聞，貴不貴？」

一聽就明白，秀英是不用保養品的，不禁心裡嘀咕，都什麼時代了，還有不保養的女人，怪哉！

歐洲的早晚溫差大，秀英帶的衣服只有中間溫度，白天熱，晚上涼，於是我把短袖T恤借給她，再把路上在H&M買的圍巾讓她披上，都是便宜東西，她竟然樂壞了，突然跟上流行似的，要我幫她拍照。是的，我也是她的隨身攝影師，因為她沒有帶手機。

在歐洲，到處是平價服飾店，她都進去逛了，都雙手空著走出來，十天下來，沒有幫自己買一樣，寧願穿我的、戴我的。催她為自己添點東西留念，都搖頭婉拒：「我的生活很簡單，用不著這些漂亮東西。」

刷二十多萬元買包，沒一個是自己的

我以為秀英吃了秤砣鐵了心要一毛不拔到底，有一天到了一家outlet，她居然狂掃，買下四只名牌包，刷掉二十多萬元，女兒與媳婦都有，連兒子那八字沒一撇的新女友都有一個。女兒還嚷嚷便宜，說折扣省下的錢足以賺回一半旅費。我在旁邊暗想，秀英應該是要瞇著眼穿針引線做代工整整一年才賺得回來吧！

「兒子一定很有面子，媽媽來歐洲玩，還給女朋友買一個包。」

真正讓我無名火上來的是，秀英沒有幫自己買一個！環顧一下四周，只有我一個人在激動，看得出來大家很習慣秀英無我的付出。一路上沒怎麼張羅秀英的女兒與女婿一副安然自在，這次倒是熱心地幫忙拎著四個包。

最後一天，秀英交給我一個紙包，是洗好的T恤與圍巾，我愣住了，按照一般人的做法，不就折現金還人家嗎？不過我在意的不是錢，而是她穿戴多日，還給我之後，我不知道怎麼處理。也就是說，秀英為了省錢，連人情世故都省卻。

我一個人出來旅行，圖的是安靜，始料未及地要沿途照顧一個人，包括招呼吃喝、找景點拍照、翻譯說明，還要教導餐桌禮節。第七天，我將秀英交給女兒女婿，不過這個舉動無疑是傷害了秀英，我注意到她的臉黯然了一下，一定以為我不喜歡她，當她是累贅；心裡有些愧疚，但也是無奈。

捨得對自己好，別人才會對你好

在這一趟旅行，看似在生秀英的氣，其實我也在生自己的氣。在每一位母親身上，多多少少都有秀英的影子，程度不同而已，誰也別說誰，都該打屁股！

在扮演母親角色多年之後，幾乎忘記自己也曾經是人家的兒女，被一樣疼愛與珍惜過，只是在過去的歲月裡，為了養育子女，財務吃緊，必須以子女為優先。現在他們長大成人，經濟獨立，父母已經善盡職責，應該輪到自己成為第一順位，請記得這麼做：

一、愛孩子，也要愛自己

對於自己愛的人，不要過度付出，尤其是子女，那會讓他們忘記責任，失去承擔，反倒是害了他們。何妨放手，過得好或不好是他們的本事，買不買得起名牌包是他們的能力，通通都不是父母的責任。學會多愛自己，孩子也可以從親子關係中鬆綁，重獲自由，成熟獨立。

二、捨得對自己好，別人才會對你好

別人是自己的一面鏡子，別人對我們不好，是因為我們先對自己苛刻；散發出的訊息，是自己不值得好好對待。想要兒女對自己好，先要捨得對自己好，兒女才會有樣學樣，以同樣態度對自己。

三、捨得愛自己，就要捨得花錢

愛自己，不是空口說白話，而是具體的行動，就是要捨得花錢。捨不得到百貨專櫃買高檔內衣，總是在市場攤子挑便宜內衣，就是不愛自己！捨不得到歐洲旅遊，總是搭廉航到日本韓國，就是不愛自己！愛，有時候是要用錢證明的。

美國心靈作家芭芭拉．安吉麗思（Barbara Angelis）在《活在當下》（*Real Moments*）一書中懇切的提醒父母：

為了兒女而忽略自己，不顧自己的需要，

那麼教給孩子的，只是如何犧牲自己以取悅他人。

9

有錢沒錢，健康平安最好
——錢在銀行，人在天堂也枉然

有錢固然好，沒錢也不必天塌下來，想辦法再去賺就好，別拿來在心上翻呀攪的，變成煩惱。真的再也賺不到時，生活就是這麼一回事，可以豪華過，也可以簡單過，欲望少一點、不與人攀比，開心就好。

人到中年，就像考了一場試，開始算成績的時候。有人算一算，分數還不錯，對前半生還算滿意；有人恰恰相反，發現分數不太理想，甚至低於平均，難免灰心氣餒，覺得前半生白活了。接著，下半生可能就會被這種心情給決定了，上半生滿意的人繼續活得暢快，不滿意的人繼續唉聲歎氣。

而，這個分數是什麼？

說來滿世俗的，不過是名與利。名利雙收的是人上人，對人生的滿意度最高；至於有名無利，倒也搏得一個清高的美名；而有利無名，則是得以衣食無憂終老，福氣不小；比較差的是既無名也無利，偏偏這是多數人的命運。

衡量人生，多數人看的還是錢

但，如果名與利二擇一，一般人會選擇利。沒有錢，再有名氣，也不過是空氣；再有地位，也不過是空位。有錢就實在多了，至少可以壯膽，活著沒在怕的。

所以，對於多數人來說，檢驗自己的前半生，用什麼打分數？主要還是錢。過了中年，口袋裡有錢，就是福氣滿滿；口袋裡沒錢，感覺上就是蒼涼、薄命。有錢就有得靠，沒錢就沒得靠，現實得很，任誰也難以否認。

可是這個年紀了，能不能有錢，差不多有個定數，要再大發並不容易，那難道沒錢就要苦著臉走到人生終點嗎？倒也未必！

年輕時，是賺錢的年紀，要有一套賺錢哲學；中年之後，賺錢機會少了，則要有一套面對金錢的自處之道，心中才能獲致淡然與寧靜。因此，怎麼看待「人與錢」

這層關係，就成為不那麼有錢的中年人必須學習的新功課。

錢與人，一層關係。
走得近了，太傷人；走得遠了，難為自己。
是人都想錢，是人都不想落難。

——摘自情緣語錄

人與錢，就像一起跳一段雙人舞，翩翩起舞，有進有退，有左有右，有滑步有踏步，應該是一段美好的記憶，彼此留有相擁時的溫度。可惜，一般人對於錢，關係不像相擁而舞，倒像被一條繩索綑綁住了，一個錯步就摔個四仰八叉、鼻青臉腫。尤其到了中年，眼見沒有多少時間可以賺錢，剩下的只有恐懼的心情，活在害怕缺錢的膽戰心驚中，這種人與錢的關係最教人遺憾。

越是害怕缺錢，越是把錢趕跑

淑英就是這麼一個例子。她出生在窮人家，從小就感受到沒錢的痛苦，一生都對錢缺乏安全感，因此在做任何選擇時，第一優先考量的就是錢，使得她這輩子無形中被錢牢牢地綑綁住而不自覺。即使成年之後，工作不錯、薪水不差，她仍然無法鬆綁與錢之間令人窒息的關係，也侷限了人生的發展，一個工作死抱著十五年都不敢換，就怕下一個工作不安穩。

這樣的性格，也影響到她與先生、孩子之間的互動。比如出去吃飯，淑英不是挑自己或家人愛吃的，而是看價格做決定，CP值太低就認為不值得吃。所以孩子不喜歡與淑英出門用餐，既是吃不到想吃的，再看到淑英的摳門模樣，覺得丟臉，壞了吃飯的興致。淑英為錢傷神，最後傷最重的卻是與孩子之間的感情。

可是，這麼恐懼缺錢，有存到大錢嗎？

答案是並沒有，這一點是淑英心中最大的痛，也使得她和錢的關係走進惡性循環中，再也出不來。她越是恐懼缺錢，錢越是離她遠去。經常是好不容易存了一陣子錢，就發生一件事，把所有存款一下子揮霍殆盡，再度回到原點，從零開始。而且中年之後，夾在上下兩代之間，花費更兇，令人吃不消。

錢，是殺人不見血的刀

尤其公司經營大不如前，頻頻傳出裁員消息，都是從既老又貴的資深員工砍起，淑英每天都憂心下一個便輪到自己。擔心害怕持續四年，也嚴重失眠四年，整個人快速蒼老憔悴，氣色不復往日的紅潤光亮。

直到一年前，這個大刀掄起來，果真落到她頭上，淑英被資遣了！公司倒也實實在在地發給她資遣費，領了一百多萬元。走出大門時，望著白花花的大太陽，兩隻眼睛都快張不開，卻是茫茫然，心裡沒個底，不知道要走向哪裡。整個人失魂落魄，唯一閃過淑英腦子的，是這些問句：

「繳不起房貸，怎麼辦？」

「沒錢養老，怎麼辦？」

還好，淑英的丈夫是個有智慧的人，他想辦法勸淑英把第二棟房子賣了，讓家裡的財務輕鬆一些，同時也讓淑英看到存摺裡有錢而感到心安。房子出脫之後，淑英終於睡得著，她笑著說：「這五年來，就屬這半年真正睡上好覺。」

錢，是殺人不見血的刀。當人與錢的關係過度緊張，危及到健康，錢就不是錢，而命還是命。上了年紀的人，吃得下、睡得著再重要不過了，深深影響著健康。就算錢在銀行，人在天堂也是枉然，不是嗎？所以有錢沒錢，健康平安最好。

簡單過日子，開心就好

錢這件事，走到中年，多數人幾乎可說是蓋棺論定。有錢可以任性，沒錢不妨認命，不就是那句老話：「命裡若有錢，不用擔心別人搶；命裡若沒錢，何必擔心自己沒有？」是的，人生至此，重要的是一生開心，一世陽光，今天最美。

趁著這個機會，重新調整生活，把金錢這條繩索從自己身上拿掉，過過「不需要為錢操煩，也不需要被錢操縱」的日子。有錢，當然最好，可以做的事多著呢！沒錢，也沒啥不好，這世界上多的是不必花錢的事。不過是選擇不同而已。生活就是這麼一回事，可以豪華過，也可以簡單過，欲望少一點、不與人攀比，開心就好。

前半生，已經把命賣給了錢；後半生，一定要把命拿回來，還給自己。

有錢沒錢，健康平安最好。

PART 3

整理人生——打開回憶，梳理關係，不再勉強自己

工作不再重要無比，取而代之的是「關係」。與伴侶的關係、與朋友的關係、與子女的關係……這是人生下半場幸福的關鍵，但不必執著於天長地久，只求自在於心。

1

人生是無數有缺口的圓
——中年之後，知天命還是鬧革命？

比起其他年紀，中年最適合圓夢，角色責任都盡了，錢也賺得差不多，而體力還在，胸膛的熱血未褪，想要把年輕時沒有完成的缺憾一一補滿，包括一個創業夢、一段舊愛……

可是在前方迎接的究竟是一個圓，還是一場天翻地覆？

這一生，從小到大拉出不少個圓，大多都無疾而終，成了一道弧線、一個有缺口的圓。現在人到中年，人生已經走了一大半，眼前還剩下一小半，要不要去圓了它們？

這麼多圓，哪個要圓，哪個不要圓？這是中年人要面對的人生課題。

是弦月，還是一輪明月？

晚上飯後我都會到河堤散步，月光灑落一地銀粉，多數是弦月，一彎月如鈎，黃澄澄高掛在黑沉沉的夜空，像是一條金項鍊，泛著沉穩的光芒。很奇妙的是，我總是可以穿越厚積的雲霧，隱隱看到缺口處拉出一條弧線，把弦月圓了，依稀還是一輪明月。

有一次和同事說話，隨手在紙上畫了一個圓，沒畫完，留了個缺口；哪裡知道，我同事不自覺地順手拿起筆，把缺口圓了。我敲敲那個圓，他這才注意到，不可置信自己居然做出這麼一個毫無意識的動作。

後來我在心理學讀到這是「蔡戈尼效應」，由俄國重量級女性心理學家蔡戈尼提出，她根據實驗發現，在人性裡，人們希望任何事情都有始有終，厭惡有頭無尾，對於沒有結束的事情會感到不甘心，無法忘懷，有一股衝動想要結束它們，就像我看到的弦月，或是我同事看到沒畫完的圓。

人到中年，回顧前半生，留下不少未竟之事，都是沒畫完的圓，充滿遺憾；眼見所剩時間無幾，要不要用後半生去圓了它們？比如年輕時的夢想，或是年輕時沒開始的暗戀、沒結束的戀情。可是此時此刻，時空不同，人事已非，非要去圓了不可，究竟是好事還是壞事？

是知天命，還是鬧革命？

都有可能！就像我父親早年經商為了軋頭寸而苦惱不已時，總是會聽到他喃喃自語：「做成了，叫做生意；做不成，叫做生死。」一樣的，中年圓夢的悲壯也差不多，因為慘烈的不是沒有一顆拼搏的心，而是沒有時間再度翻盤。

孔子說，五十知天命，我還不太能夠完全心領神會，不過倒是看過不少人五十鬧革命！而這個革命，來自於一種偏執，拼了命也要把有缺口的圓給圓了。其中，最鬧不起的是家庭革命。

這個年紀，人生已有定數，只差拍板蓋棺論定，不免有一種往者已矣，來者卻不可追的失落；因此坐下來，托著腮，經常很快就會滑進回憶裡，腦子像跑馬燈似的翻出一張張老照片，抖落厚積的塵埃，久已忘懷的事情一一清晰起來，其中最揪心的當屬這兩件：

一是年輕時的夢想。

一是年輕時的戀情。

在人生倒帶的過程中，多數人或許是知天命，明白此生沒這個命，認了吧，算了唄，抱殘守缺繼續往前走；少數人不認這個命，不甘心就此算了，非要搭乘時光機回到從前不可。偏偏這兩件，都是不折不扣的超級大難關。

是追求愛情，還是追求圓滿？

記起夢想的，會想找回雄心壯志去創業，八隻馬也拉不回，最後可能鬧到血本無歸，連養老金都賠進去；記起舊情的，會想找回舊情人，見縫插針就是要找機會再續前緣，最後可能鬧到家庭破碎，連個家都回不了。

寶哥年逾五十，創業有成，太太是賢妻良母，兩個孩子成績不錯，父母身體健朗，人生至此無憾矣！要是一般人，還圖什麼，不就袖子一抽，輕輕鬆鬆過下半輩子；寶哥不一樣，打從年輕起，他就高度目標導向，前面三十年都花在追求女友、追求名利、追求豪宅名車上，直到今天仍然是中年過動兒，不過追求的東西突然都到手了，他反而空空的、虛虛的，失去生活重心，沒有人生目標，非常不適應。

直到有一天參加同學會，發現一個有缺口的夢可以追尋，想把它圓了，那就是兵變的女友。他們倆當年是人人羨慕的班對，在寶哥當兵時，女友到美國留學，遇到新的對象，把他甩了。這次女友回國，還是維持著玲瓏有致的好身材，歲月的歷練平添不少風韻，加上在西方社會久了，舉手投足散發性感魅力。最重要的是女友恢復單身，一副自由自在的模樣，簡直是在昭告天下的男生：「來追我吧！」

女友在台期間，寶哥興沖沖地充當車夫接送，送著送著就送出舊情復燃，有缺口的圓眼見要圓了，可是寶哥有家庭、有子女，這段感情只能往地下發展；女友不依，想彌補當年的負心，和寶哥開始屬於他們兩人的嶄新人生。結果，這個圓是圓了，其他的圓卻破了。

離婚後，妻離子散，支付掉一半的財產，寶哥元氣大傷，偏偏此時又逢事業觸礁，經營大不如前，掉入泥淖，兩隻手在空中死命地划著，卻仍是不斷往下陷，毫無抽身的能力。後來，前女友，不，現任太太受不了這種為錢奔走、令人窒息的日子，決定拍拍屁股走人。離婚的時候，跟寶哥說：

「我希望人生是圓滿的，不想留下任何遺憾，所以我要離開你，各奔前程……」

那一切，都是人性製造出來的幻象

聽完寶哥的故事，我比較懂得孔子說「五十知天命」，天命不可違，月有陰晴圓缺，人有旦夕禍福，都是天命！人生不可能完美，也不可能圓滿，總有缺口與遺憾，都是人生的一部分。如果眼睛看到的只有缺口，心裡想的也只有缺口，看不到自己擁有的弧線，就會心生不甘，腦門充血，硬是要去圓了，結果可能只是捕捉到一個虛幻的泡沫。

既然把人生圓了是一種人性，不如自我修養，學習超越人性、脫離本我，認清生命的真相，珍惜眼前所擁有的，放棄遙遠未來不可追尋的，求得內心實實在在的滿足歡喜，而不是外求貪嗔癡製造出的幻象，或許就能五十知天命。

2

把朋友找回來，他一直在等你的這通電話

這是一個打開記憶的年紀，有些朋友一直沒忘，始終在心底，都是值得珍惜的人。不要再以為朋友永遠會在那裡等著，直到有天你有空了再去找他。現在就拿起電話撥給對方，你會發現，這麼多年來，他一直在等你這通電話。

當你愛一個人，那人不一定常伴你左右。但當你擁有一個常伴左右的人，就一定要好好去愛。

每天晚上，我都和先生散步一小時，微微出汗，也讓一天的快步調逐漸緩和下來。這個年紀，越來越不好入眠，下班回到家都七、八點了，不能吃太多，也不能動太勤，散步是最溫和的運動，適合我這種不愛運動的人。一旦碰到雨天，不免就

有些苦惱，有一種「啊，怎麼一天就這麼過了」的微微悵然，好像這一天就停留在一個逗點上，畫不上一個句點，內心有些許不甘。

珍惜相處的美好時光

所以，我一直很在意晚上的天氣。直到有一天，不知怎的突然開竅，不對啊，可遇不可求的哪裡是天氣，是先生陪我散步吧！他每天傍晚外出打拳，運動量早就足夠，可是兩個小時之後，還要再出門陪我散步，根本是多此一舉。有次他打趣說自己是在捨命陪君子，我當然聽得懂他的弦外之音，卻還是故意曲解的回說：

「收到，說我是君子，謝謝！」

「什麼『君子』？這句話的重點是『捨命』！」

家人，是我們身邊最親密的人，也是最熟悉的人，卻常常對他們最無感，他們為我們做這做那，都會認為理所當然，不往心裡去，就算偶爾飄過一絲溫暖的甜蜜，也會想：「喔，家人不就應該這樣嗎？」不特別說聲謝謝，沒讓他們知道自己收到那份貼心與善意，也沒讓他們知道自己是在意與感動的，反倒是自我安慰，告訴自己：「沒關係，家人嘛，他一定懂得我內心的感謝。」

可是，愛不就是要說出來嗎？這一天，我不就良心發現了，想要表達謝意，卻礙於不習慣，表現得有些笨拙，竟然說成：

「真好，每天能跟你散步，真是享受！」

「不是『享受』而已，是要『珍惜』。」

朋友，就是要經常見面

是的，對於在乎的人，唯一能做的就是珍惜。而珍惜他們的方式，無非是花時間，陪在身邊走一段，安安靜靜的，聽到彼此的呼吸聲，實實在在地感受到這個人一直都在，放心的一步一步走下去，能一起走多久就走多久。多年之後，我們不會記得當時聊的內容，卻會在心底響起那一上一下相應合的腳步聲，懷念相伴走過的美好時光。

人生就像一列火車，停靠的每一站都有故事。而故事的發生，不是跟那些擦肩而過的成千上百路人，而是某些特別的人。奇妙的是，這些人和我們在一起時，每一個瞬間，都可以是一輩子，擦出的火花，全都在我們的世界裡化成滿天星星，永恆而美麗。

我不是社交型，卻幸運的交了一些對我付出極多的朋友。但不可避免的，有些朋友提早走了，每位都帶給我極大的失落與難過，也捨不得把他們的電話移除，到現在手機仍不時跳出這些不在人間的朋友名字。所以，若是朋友來找，能撥出空我就絕對不會缺席，內心總是憂慮著，下次不知道何時會再見面。

梅子是我二十年前的好友，一見如故，很談得來，她是俠女性格，在我年輕時幫了不少忙，後來由於換工作斷了音訊，心裡一直掛記著，上網卻搜尋不到她。直到最近她看到我的文章，主動來敲我的ＦＢ，兩人在一陣尖叫之後，趕緊敲時間碰面。後來，因為當天臨時有其他事，想改約隔天，問梅子行不行，竟然看到梅子回覆：

「隔天我要住院。」

「妳怎麼了？」

「我固定週二住院，週三化療。」

他，一直在等你的這通電話

腦子一轟，才想起來，她年輕時就罹癌，我以為早就治癒，恢復健康，沒想到仍在定期治療中。當然，無論如何都要排開其他事情見面，錯過的這二十多年有太多頁是空白，翻著讓人心焦，能補一點白就補一點，就是不要有那麼多空白。

五十歲以後，記性不佳，大部分的人與事都忘了，還能留在心裡的，就是在意的。不在意的人，才會沒有時間；在意的人，怕的是沒有時間。不要再以為朋友仍是十年前或二十年前那個健健康康、活力十足的年輕人；也不要再以為朋友永遠會等在那裡，直到有天你有空了去找他；更不要以為多年以後見面時，朋友依然未變，仍是你記憶中的那個人……別再有那麼多「以為」了。拿起電話撥給對方，就會發現，這麼多年來，他一直在等這通電話。

年輕時，家庭與工作兩頭燒，忙到疏於連絡，難得跟朋友見面。都要到五十歲以後，孩子離了手，工作稍微輕鬆，才有時間想起好久不見的朋友，一個一個撿回來，放到日常生活裡，像年輕時那樣來往熱絡，有談不完的話。而家人也一樣，唯有在這個年紀，才能有輕鬆的心情，提升相處的品質，將彼此失去的感覺拉回原位，回到當年相遇心動的那一刻。

這是一個打開記憶的年紀，有些人一直沒忘，始終在心底，他們都是值得珍惜的人。不論是家人或朋友，珍惜的方式只有一個，花時間與他們相伴，留下最多的美好記憶。我們不是害怕失去，因為最後終究都要失去；而是不要在想念時，找不到回憶，僅僅剩下空白。

3

為了自己好，即使再也不相見，都要和解與告別

就是因為要好，才會絕裂；就是因為在意，才會心痛。當朋友做不下去，決心從此不再相見，成熟的大人要給對方一個理由，做正式的告別；而不是一言不發轉身離去，留給對方愕然、不解、永遠的傷痛。

生命有限，人生無常，別讓遺憾成為永恆。

不是只有愛情會讓人受傷，只要是親密關係斷裂，像是友情，也會帶來傷痛，就算多年過去，也未曾結束。

為了自己好，請像一個成熟的大人，主動跟傷痛的友情告別，平靜地做一個結

束。即使再也不相見，也要記得彼此的好，放下自責或怨怪，把心騰出來，放進其他更在意的友情。

絕交，通常是來自一場誤會

「又不是深仇大恨，哪有連最後一面都不來看的？」

楊玲和馬妹是十多年的閨蜜，一起幫對方追男友，一起出國旅行掃貨，一起解決事業瓶頸，大家都以為她們的友誼至死不渝，結果並沒有，還鬧到即使楊玲車禍過世，馬妹都未前往吊唁。對此，大家都不諒解馬妹。

事情是這樣的，有一天馬妹和先生大吵一架，離家出走到楊玲家住了一晚，抱怨先生的一些事情。楊玲希望他們夫妻感情和好，便主動約馬妹的先生聊一聊，談了一些馬妹對先生的期待，可是對方覺得自尊心受損，認為馬妹不應該把閨房的事到處說，兩人關係更形惡劣，最後鬧到分房而睡。

馬妹失去先生的心，責怪楊玲火上加油，就跟楊玲「ㄘㄟˋ」。楊玲求馬妹回心轉意，珍惜多年友誼，可是馬妹說，朋友貴在信任，是友誼得以長久的關鍵，有些掏心挖肺的話僅止於兩人，不可外傳，因此——

「失去信任，朋友就做不成，只有絕交一途。」

沒有處理，傷痛不會結束

這一「ㄘㄟˋ」再也回不了頭，可是馬妹的心裡並不平靜。有一次我們在酒吧聊至深夜，兩人都微微有醉意時，一向快意恩仇的她第一次提到此事，她哭著說：

「楊玲的車禍，是我造成的。」

我愣住了，問她怎麼會有這種想法，馬妹說：

「絕交的那一天，我掛上電話之前，最後一句話就是罵她去死吧！」

兩人後來再未碰過面、說過話，沒有機會把這句話「挽救」回來，這是馬妹沒去參加喪禮的原因，她無法原諒自己，也難以面對楊玲的死。

像這樣絕交的朋友，有的會說出來「ㄘㄟˋ」掉，有的是默默在心裡絕交，每人多少都有一兩個、或兩三個、或更多絕交的朋友。時間久遠之後，以為遺忘了或是不再在意，其實它是一顆不開心的種子，不去處理，就會長出一棵不開心的樹來，越長越多，最後變成一座黑森林，再也不敢走進去。

中年，是整理的年紀，其中一項重要的整理是人際關係，除了家人的關係之外，朋友也是需要整理的，因為它埋藏了一些避而不談的傷痛。

友誼淡了，是正常的事

年輕時候，朋友好起來時，整天膩在一起，說不完的話；可是不知道從哪時候起，感情淡了，偶然遇到時，竟有些微尷尬，點頭寒暄兩句便急急轉身離開。因為不知道如何面對這樣的感情變化，從此會巧妙地避開對方可能出現的時間地點，最後就真的再也不往來。可是原因究竟是什麼，有的知道，有的並不知道。

其實，友誼淡了，是人生的自然發展結果。因為隨著時間流逝，各有各的人生方向、生活重心、朋友圈子，不再屬於同溫層，共同話題減少，投機的時候少、冷場的時候多，於是很少再相約見面，慢慢的成為陌生人，兩個平行的世界，看不到任何交集。像這樣淡掉的朋友，不必強求，也不必遺憾，一年見個一次面就挺好。

比較讓人掛心不下的，反而是絕交的朋友。只要想起來，心裡就有些刺痛，明顯是在意的。因此，為了讓自己的心情好過，最好能做一次性的處理，把心上的瘤徹底清除。事情過了，傷痕淡了，再面對時，多了理性平靜，容易得到圓滿的結果。不過，也不必勉強再續前緣，重新做朋友。

當下圓滿

認識阿珮的人，無不稱讚她的教養極好，說話溫婉、待人謙和，很難想像有人不喜歡她。有一天，阿珮收到一個朋友發來的LINE，說要絕交，未說明原因，接著就封鎖阿珮。

阿珮愣住了，想不起來是哪裡得罪朋友，問題是事情並沒有過去，無意之間翻起時，總是要發好一陣子的愣忡。有一天，她主動寫信道歉，雖然還是不知道為哪件事道歉。對於這次想到就去做到，阿珮稱為——

「當下圓滿。」

從此，這件事再也不讓阿珮起煩惱心。不久之後，阿珮收到朋友的回信，表示和解。兩人終於都放下，至於究竟是哪件事起的因，再也無關緊要，也沒有在LINE上再加對方為好友。心終於安住下來，清清爽爽，不再隨風而起。

漢聲出版發行人吳美雲採訪修行大師沈默，寫成一本書《開心》，談到如何讓心充滿陽光、充滿愛。沈默說，與其除草，還不如著手去做這件事：

在心田，種滿鮮花。

讓田裡每個地方都開滿鮮花，雜草還有地方生根嗎？沈默說，人生是一個積極進取的過程，主動放入好東西，壞東西就沒處生長。

做一個成熟的大人，展現改變的力量

中年整理人際關係，在朋友這部分，除了感情變淡的朋友之外，也要重新回頭檢視絕交的朋友，做一個圓滿的結束，讓彼此真正放下，不再有心理負擔，給你三個建議：

1 別以為傷痛不在，承認它的存在，正視它帶來的感覺。

2 做一個成熟的大人，主動改變，邀請對方一起處理這個傷痛。

3 當對方拒絕面對，不妨接納，因為不是所有人都是成熟且勇敢的。

做到以上三點時，務必要為自己的進步感到欣喜，接著把未來交給時間，帶著珍惜往前走，不再掛懷、不再在意，我們還有幾十年的人生要好好過，還有其他家人與朋友的關係要用心維繫。

4 朋友不必交一輩子，曾經好過就值得

友情，是特定時空的聯結。在時空的輪替中，開始，結束。物換星移，人生無常，友情也是如此，結束是經常發生的事。過程中有些重要的時刻一起經歷，相擁大笑或抱頭痛哭，都將收藏在記憶匣裡，這就值得了。

曾經，有多少歡樂的時刻，我們都以為當下就是永恆，就是一輩子。

小時候被爸媽擁在懷裡，聽著他們的心跳，感受他們的體溫，我們以為這一刻會一直下去，直到天荒地老，在岸邊佇立成化石，任由海潮拍打沖刷；

到了青春年華，愛上一個人，我們以為從此會相愛一輩子，牽手到老，海枯石

爛，此情永不渝；

年少時期，交了知心好友，我們以為再也片刻不分離，山水作證，天地為鑒，當一輩子好朋友……

走過歲月之後，也就明白了，在曾經的下一刻，彼此已經錯身而過，漸行漸遠。我們的相遇，是為後來的分離留下美好見證，擁有一個在雙方生命裡的記憶。

我們一起在時間之河相遇

所有的相遇，都像一條緩緩的小河，在時間的流動裡，我是漂流的水草，你是河中的石頭，我遇見你，停留一下，向左向右轉了幾個半圈，然後一個水勢，我就漂走，也遠了。因此，分離是為了前進，縱然心中有感傷、腳步有遲疑，仍然要一步一步走向未來。不論是親情、愛情或友情，分離是生命歷程的必然，沒有誰對誰錯，一切都是天時地利人和，也就不必執著，更不必為此感到受傷或氣悶。

人與人之間，自始至終談不上一輩子這樣的天長地久，從來就是半輩子不到就戛然而止，但是也夠了，畢竟曾經擁有過，這就很好。尤其朋友，最容易像回沖過的茶，喝著喝著，淡了，杯子一擱，人起身走了。既是莫可奈何，也勉強不了。因為人生際遇不同，做的工作不一樣、處的朋友圈各異、關心的事務有別，能夠談得來的話題不多，慢慢地不相往來，是再自然不過。

所以在我們的心底，一直會放著一些朋友。可是令人難過的是，在這些朋友當中，總有一兩個人，每每想起來，一陣隱隱刺痛，原來生死相交，後來絕裂，再也不見面。

怎麼絕裂的，到現在都想不通。當時對方究竟在生什麼氣？為什麼氣到如此狠心、不理不睬？因此也就很想知道，他對於過去那段情誼，究竟珍惜否？可是這些問題始終得不到回應，沒有答案，給自己留下懊惱、惋惜、遺憾，甚至不甘心。唯一明白的，是再也沒有這個朋友，就此分道揚鑣、天涯陌路……

分開的理由，至今未想通

光宇五十二歲離開職場，除了接專案營生之外，聽著內心的鼓聲，捲起袖子，在他家這片社區發起都更運動，非常投入。因著信念，也是鄰居的小學同學阿榮加入行列，兩人做伴，更是做得風風火火。理念相同、精神契合，比起小時候感情更深，彼此都很認定這個朋友，不只交定了，還要交一輩子。

但是光宇的性格溫和，做事傾向人和為貴，事緩則圓；阿榮不一樣，性格剛烈。有一天，兩人為了一張廣告傳單各執己見，文案是光宇寫的，阿榮不認同，堅持要走激進路線，才有可能立竿見影，讓建商拿出最大誠意。

兩人過去說好了，遇到意見不同，由光宇做主。以前阿榮會讓步，也不知怎的，這次阿榮一步也不退，直到凌晨三點還在發LINE要光宇撤掉廣告傳單，重新製作，務必立場鮮明、訴求激進，否則這場都更永遠落在空口說白話、沒有付諸實踐的一天。而光宇期期以為不可，他擔心呷緊弄破碗，把建商逼急了，萬一喊退的話，將前功盡棄。

隔天，一切都變了。

光宇在發傳單的時候，看見阿榮迎面走過來，舉起手打招呼，阿榮卻別過頭當作沒見到，從他身邊走過。以後每一次，阿榮都當光宇是路人甲，未再理睬過。當鄰居看到光宇單槍匹馬在做事時，都會問到阿榮，還說「你們感情真好」，光宇都支吾以對，不知道該說什麼才好。

就這樣，一張廣告傳單，兩個好友絕裂了。

只是小事，很容易溝通，講一講就煙消雲散，不是嗎？更何況五十多歲的大人，像小孩般賭氣，有點好笑，是吧？可是很多人都有類似的情況，為了一件雞毛蒜皮小事，或一個莫名其妙的理由，丟掉一個好朋友。這樣失去好友，還有個線頭可循，不少情況是連個原因都找不到，對方就完全封鎖你，讓人丈二金剛摸不著腦袋，不知道發生什麼事，更不知從何講起。

就當作跳了一場土風舞

人到中年，朋友越來越少，顯然必須學習一樣功課——友誼的褪色，是每個人都會經歷的。一般人對於友情這種東西，態度上順其自然就好，不太勉強，能合則合，不能合也沒關係，隨風而去。但是對於曾是好友，後來形同陌路，留給人的是背叛與傷害，必須花點時間一步一步走過，從不解，到生氣，再到淡淡的惆悵。

還記得小時候跳土風舞嗎？跟每個舞伴牽一下手、踢幾下腳，在一個音樂鼓點響起時，鬆開對方的手，換到下一個舞伴，輕捏他的手，再度翩翩起舞。每個人在前進的路上，不斷成長與改變，價值觀、身分角色不停轉換，將會持續遇到與自己更相似、更相合的人，交了新朋友，慢慢地會忽略需要費力維持的舊關係、老朋友。所以在友誼世界裡，結束是一件經常發生的事。

友情，是一個特定時空的聯結。在時空的輪替，開始，結束。過程中有些重要的時刻一起經歷，開懷大笑或崩潰大哭，這些都將收藏在記憶匣裡，這就值得了。物換星移，人生無常，友情也是如此。

人走了，記憶依稀，美好未曾消逝。因此記得，在告別友誼時，來一個優雅莊重的儀式，送走這位朋友，但是不留惡言惡語，不破壞曾經為對方留下的美好。

5

其實，不是每個人都想參加同學會

同學會出席的，總是同一批原班人馬，不想來的永遠不露臉，要不要勉強他們參加？不需要。

同學那麼多，不必非要湊齊不可，隨緣開心就好。

時間改變了你我，也許他們想在同學心中留下的臉孔，是從前，不是現在。

畢業之後，不是每個人都滿意自己。這個心境，作為同學的我們要懂得，並給予尊重。

這個年紀，生活當中，很重要的一個活動就是參加同學會。每次當有人吆喝要辦同學會，就有人開始清點人數，說哪些同學從未參加，要去把他們找出來，鼓勵他們參加同學會。可是，非得把他們找到不可，是要做什麼呢？有人想也不想地說：「讓大家看一看啊，這麼多年過去，他現在長什麼樣子了！」

我不是社交動物，一向深居簡出，活動不多，朋友有限，所以我深深懂得有一種人，不愛被關注，也不愛被打擾，因為那會讓人不自在。因此在同學群組裡，我算是沉默寡言的，很少發聲。碰到這個起鬨要找到某某同學的當下，我雖然沒說話，心裡可是有聲音，我聽到它哼了一下鼻子之後說：

「誰要被你們看啊！」

大家最想看的，是失聯的同學

同學會，一開始都是這樣的，大家都很好奇，看看對方有沒有變、變成什麼樣子。看了之後就發現，「啊，你怎麼跟以前一個樣，都沒變！」這是真的，現代人懂得保養，尤其還在上班的，樣子看起來都年輕，並不如原來想像中的垂垂老矣！

同學會開幾次之後，該看的人都看了，新鮮感沒了，其實也沒有什麼共通話題，有人就不來了，長期缺席，連不來的理由都懶得給。

但是，一直讓大家對同學會還維持高昂興致的，就是失聯的同學，畢業後從未見過，大家就紛紛猜測，這個人哪裡去了？怎麼就從地球上消失了？現在他變成什麼樣子？所以要不要參加同學會，最關鍵的是「神秘佳賓」是誰，他究竟會不會露面！

我們班有一位同學，人在台灣，也和一些同學在同一個業界，怪的是沒人知道他的消息，大家七嘴八舌在LINE群組裡討論透過哪些管道人肉搜索到他，最後還是班長厲害，動員全台灣的經銷商，找到這位不出世許久的老兄！哪裡知道一通電話打過去，對方的回話完全在意料之外……

「終於找到你了！你知道嗎？全班同學都在找你……」

「找我？找我幹嘛？」

不是找不到，而是他不想被找到

真是冷到結凍，班長還是好說歹說把他騙進群組，大家一看到他加入，紛紛表示歡迎之意，像過年放鞭炮一樣放了一整天，結果呢？他老兄未吭一聲、未置一詞，三個月過去，還在潛水中，連一個水泡都沒冒出來過……

這位同學的態度太酷了，但凡一般人還會客氣地回個兩句，但是他沒有。顯然的，他不樂意被找到。就算被找到，也不想發生任何關係。至於大家想看看他，他可是態度明擺著，完全沒有興趣給大家看。

大家一直以為找不到他，這個推想徹頭徹尾錯得離譜，真實的情況可能是他不想被大家找到吧？所以當大家一頭熱，非要找到某個人不可時，不妨冷靜下來，反省一下：

「這位同學，是不是不想被找到？」

「如果有同學不想被找到，我們是不是要尊重他不想被找到的心情？」

依照我的經驗，勤於參加同學會的，通常是發展不錯、生活中上的同學；至於大富大貴的從不出席，大家也怕熱臉貼冷屁股，被拒絕了很尷尬，而秘書電話轉來轉去也麻煩；再來是自認為發展得不順利的同學，屬於打死也不想被找到的那一群。

同學會，說不比較是騙人的

我的同學從小到大都是資優生，大學畢業後就出國留學，拿到碩士學位之後，留在美國，幫忙先生創業，事業做得普普通通，拿不出一張稱頭的名片；可是看看其他同學，醫生、律師、總經理、執行長……相比之下，自慚形穢，每次回台灣探望父母，從不跟同學連絡，還要特別交代親近的同學別聲張，別讓其他同學知道，因為她害怕因此要舉辦同學會。她說：

「我一事無成，受不了大家全部看向我的眼光，我沒什麼好跟大家報告的……」

因此，對不少人來說，參加同學會是莫大的壓力。雖然同學都會說，想太多了，同學相見貴在友誼，沒在看成就或財富，沒在比房子與車子。是嗎？其實還是會看、會比，要不怎麼會有人在同學會之前，要先減肥、染頭髮、買衣服添鞋子？還有，只不過在停車場，已經開始有點緊張，留神旁邊停的是賓士還是BMW？一踏進會場，眼睛一溜，看的是對方拿什麼包……說不看不比，是騙人的。

有一年iPhone推出8s，大家相互留LINE，有一名同學始終不拿出手機，被大家逼急了，不情願地掏出來，竟然是4s，惹得哄堂大笑，「螢幕這麼小，沒老花嗎？」一句無心之言，自尊心大損，他再也不參加同學會！直到後來買了iPhone X，才敢去參加同學會。一到場，就像西部片的英雄到了酒吧，第一個動作是先把iPhone X掏出來擺在桌上，時不時搶著幫大家拍照。

同學沒有必要跟你分享近況

雖然都說老同學了，其實幾十年過去，每個人的發展差異很大，彼此非常陌生，能聊的話題有限。如果聊的是過去學校點滴，喚起大家共同的回憶還算好；至於其他話題，都危機四伏，藏有不少地雷。分寸一時沒掌握好，難免會撩撥有些人的心情，像是工作發展、孩子讀書、出國旅行等，都會引起比較，談多了，下次參加的人就少了。

舉辦同學會，知道彼此平安，聊得來的重拾友誼，相伴出遊或說說話，至於其他就別勉強！假使有人一直找不到，不要執著，也許這位同學不想被找到，有自己的境遇與心情，暫時還不想和其他同學分享，放過他吧！

同學很多，不必非要湊齊，人人都到，同學會才算開得完美。能來的來，不能來的不來，隨緣隨性，自在就好。假使真的關心對方的近況，私下相約是更貼心的做法。見了面，別談太多自己的事，也別問太多對方的事，等到相熟了再深談。

6 學會心甘情願的付出

在這世界上，沒有人可以逼迫我們去做什麼，唯有自己。為家人付出，是出自關愛，是我們的選擇，在當下就完成了情感的平等交換。別人沒有要我們做那麼多，如果付出讓自己感到委屈，就不要付出。

人的一生中，很重要的一件事是，整理。

最需要整理的，是從小到大不知打哪裡長出來的，那些莫名其妙的觀念。它們像樹妖一樣張牙舞爪，不知節制見縫就鑽，盤根錯節糾纏著每一天。著手整理之後，才驚覺到它們侵入人生的程度深不可測，不知不覺浪費了青春歲月，也錯過各種美好。

特別是對於「付出」的一些想法，自己竟得了「付出強迫症」，嚴重到毫無自覺。

送丈夫去安養院，子女反對

梧桐是一家公司的老闆，勤奮能幹，不僅事業經營的好，家中經濟與大小事也都由她一肩扛起，無怨無悔，通通是她的責任。四十二歲那一年，先生中風，沒一年癱瘓成植物人。公司家裡兩頭忙，梧桐想要送先生去安養院，兩個子女都反對，都說願意照顧父親到辭世的那一天。

梧桐不想讓孩子以為她無情無義、有失職責，於是雇用外傭幫忙，「孝順」二字喊得最大聲的子女有伸手幫忙嗎？並沒有！照顧的責任，主要落在梧桐和外傭兩人身上，忙裡忙外，日子就在救護車「咿哦咿哦」中一天一天過了。

梧桐的個性負責，即使先生已無知覺，仍然盡心盡力地維持所有事情在軌道上，給孩子一個完好如初的家，卻身心疲憊至極，十年後不幸罹癌，也倒了下來。

想要證明自己很偉大

梧桐五十七歲時，先生走了，她為自己感到自由與輕鬆而有些愧疚，同時也感慨很深，回首過去十五年不眠不休的付出，她問自己，為的是什麼？

「是想證明自己很偉大嗎？」

「是想用不離不棄，證明自己是有情有義的好妻子嗎？」

「是想跟孩子證明，自己是令他們尊敬的好母親嗎？」

就算都是，那又怎樣？

這些證明，值得綁住自己的人生，犧牲十五年的歲月與健康嗎？

梧桐搖搖頭，頹喪的說，一點都不值得！

羨慕表妹勇敢放下

後來，表妹的先生也生病臥床，隨侍在側四年，不堪負荷，便把先生送往安養院，自己則安排各種活動，像是學跳舞、出國旅行，盡情享受人生。家族聚會時，親戚們私下竊竊私語，批評表妹愛玩，未盡照顧之責，不是個好妻子，教人不齒！梧桐聽不下去，忍不住站出來，指著眾親友們說：

「你們這麼有愛心，願意付出，照顧妹夫，是好事啊！既然如此，就把妹夫送到你們家，要的人請舉手！」

親友們這才安靜下來，梧桐接著說，她很羨慕表妹的勇氣，敢掙脫社會價值的枷鎖，不避諱別人的眼光，按照自己的意思過人生，這才是對的做法。反倒是梧桐，雖贏得好妻子的美名，卻累出病來，十五年來沒有過一天好日子，是沒有意義的人生，她很後悔當初聽從孩子的話，沒跟隨自己的心，做出真正想要的選擇。

付出那麼多，家人並不領情

先生過世之後，梧桐有時間重新整理自己，發現錯不在子女，而在於自己患了嚴重的付出強迫症。透過付出，一手掌握大小事，事事做到完美，贏得他人的讚美，說她能幹會辦事，說她犧牲奉獻好偉大，說她是好妻子或好母親……刷出存在感，也才感覺自己值得被愛。

「孩子小的時候，我不敢出國，因為他們一天都不能沒有我。」

「我再忙，都要煮晚餐、給孩子帶便當，因為他們吃不慣外面的食物。」

「我再累，都不能讓先生到安養院，因為他們不會像我照顧得如此無微不至。」

現在梧桐想通了，自己哪有這麼偉大，這一切都不過是自己想的，為自己的付出強迫症找藉口。哪天她出國，孩子終於「放假」了，愛怎麼過就怎麼過；哪天她不燒飯，孩子也樂壞了，愛吃什麼就吃什麼……其實是梧桐依附這些角色，透過付出，掌握著家裡每位成員，從中獲得滿足感、成就感，卻把這些付出說成是為了他們。

沒有人可以逼你付出

可是以前想不通，心裡很委屈，付出那麼多，家人不是無感就是嫌煩，看不到對等的回報與感激之情，傷透梧桐的心，失望極了。有一個冬天，孩子讀書晚了，梧桐特別起床做一碗滑蛋牛肉粥，孩子嫌燙不肯吃，她就想辦法弄涼，孩子這時候卻睏了，不吃了，要上床睡覺。梧桐硬要孩子吃，就起了爭執。

「我做這一切，都是為你好，怕你讀書太累，肚子會餓。」

「可是，我又沒有要妳做，是妳自己要做的。」

到了這個年紀，梧桐才真正體認到，在這世界上，沒有人可以逼迫自己去做什麼，唯有自己。為家人付出，是出自於關愛，是自己的選擇，在當下就完成了情感的平等交換。作家慕顏歌在《你的善良必須有點鋒芒》一書裡談到，你不能以為你的「善行」就像錢存進銀行，別人必須在某天根據你所期望的利率還清本息——

永遠不要為了你所愛的人做過多的付出，除非你可以做到永遠不去提及。

付出，是出於心甘情願

當我們困在「付出情結」走不出來時，不妨按以下三點去想，減少犧牲感或委屈感，不再覺得別人欠自己很多，怨歎沒有得到對等的回報。

1 別人沒有要我們做那麼多，是我們自己想為他們做。

2 自己沒有那麼偉大，那是自己想的。

3 如果付出讓自己感到委屈，就不要付出。

這一生，最值得付出的是自己，別忘記也為自己做一些想做的事。我們活得開心，做任何事都心甘情願、歡歡喜喜，家人可以從情感糾葛中解放出來，獲得自由，這才是他們最想從你身上得到的付出。

7

反脆弱的練習，走出負向的生命輪迴

當生命是輪迴、脆弱是習慣，會向下僵固，難以逆轉，需要用盡全身力氣才能有些微改變。即使如此困難，仍然要練習反脆弱，一旦啟動，後面一連串的反脆弱也跟著啟動，會變得不那麼困難，並且逐漸走到我們期待的狀態。

為什麼我還是如此的脆弱
你一句話就能讓我掉入黑洞
沒錯　沒錯　我就是這麼的沒用
——Marz23 創作歌曲〈脆弱〉

找回扭轉人生的力量

在人際關係裡，不論是伴侶、親子、職場……多數人都活在不斷的輪迴裡，一樣的問題重複發生，過程一樣混亂糾結，結束時一樣倉皇逃離。每當遇到相同情境，都一再手足無措，氣自己無能為力，然後責怪另一個人：

「都是他的錯！」

「是他害我變成這個樣子。」

而，自己是無辜的受害者。可是，事實是這樣的嗎？

難道在這些關係裡，自己沒有任何力量，可以稍做改變？當我們想要改變，卻沒有展現力量時，究竟在恐懼什麼？這個恐懼，是事實，還是想像，或是兩者皆有，已經混淆不清，無法分辨何者是事實、何者是想像？

當恐懼吞噬掉自己時，脆弱就趁虛而入、占地為王。可是脆弱的反面，不是堅強，而是反脆弱。我們要做的是，辨識是什麼讓我們恐懼，以致變得脆弱，直視它，穿透它，找回力量，重新掌控人生，脆弱就會像一股壞氣味，逐漸消散而去，直到自己完全忘掉曾經有這股壞氣味。

人到中年，不少人都不滿意自己前半生的表現，其中一件是活在負向的輪迴裡，可怕的是眼看下半生還要繼續這個輪迴。假使不對它喊停，我們不僅討厭自己，也討厭這個世界，然後感到無助無望，接著退縮出不來。

相反的，假使可以做出改變，不用多，哪怕是一絲一毫的改變，都可以讓人感受到體內滿滿的力量，覺得自己好棒，能夠為自己做些事，以致開始喜歡自己、滿意自己。

你需要的，不過是練習

當生命是一種輪迴、脆弱成為一種習慣，會向下僵固，難以逆轉，需要用盡全力才能做到些微改變。重要的是，多次練習，並養成習慣。

從簡單到困難，從短時間到長時間，從小改變到大改變，一次次累積小小的成就，最後反脆弱的基因會在血液裡流動，活躍起來，變成習慣性、反射性、自動化的反應，最終成為性格的一部分。

既然是練習，怎麼做？道理很簡單，有些事做了，會讓人變得脆弱，就不要去做；換成另一件事來做，任何事都可以，只要是能帶來正向能量的事就好，就可以達到反脆弱的功效。

奇妙的是，第一個反脆弱最難，不過只要一啟動，後面一連串的反脆弱就跟著自然啟動。對方會不自覺地被改變，說話變了、互動變了，建立一種嶄新的相處模式，過程像是倒吃甘蔗，漸入佳境，不如開始時那般費力，一切變得輕鬆起來。不必花太多力氣，情況就變成自己起初期待的樣子。

兩年前，蘭馨每次見到我，只聊一個話題：她和先生的關係。她想離婚，先生不想。她是家庭主婦，帶兩個孩子，靠先生一人工作養家，雖不到捉襟見肘，也不能存私房錢，無法經濟獨立，哪裡離得了婚？越是脫身不得，越是痛苦，於是開始想像，從此將在這個牢籠裡，像一隻失去希望的鳥，逐漸死去。

可是沒錢歸沒錢，蘭馨天生浪漫，喜歡過節，比如結婚週年，就要和先生單獨外出吃飯慶祝，先生節儉成性，每次都說不必，外面餐廳不見得合胃口，還不如在家吃蘭馨做的飯。這麼回答，蘭馨會怎麼解讀？

讓自己脆弱的事，不要再做

「他不愛我！」

「我們的婚姻一文不值，抵不過一、兩千元的大餐。」

心裡一委屈，就會找架來吵，結婚週年這一天只剩下煙硝味瀰漫，蘭馨不會認為是這一天毀了，而是這輩子全毀了。一想到這裡，蘭馨就生自己的氣，氣自己無法從這個輪迴的漩渦中脫離，氣自己的無能為力，氣自己的軟弱不堪。

「我真的很沒用！」

這個脆弱，來自於哪裡？

沒錢！

那麼，如何反脆弱？就是不要讓自己沒錢，改做另一件事，讓自己變得有錢。

蘭馨之前是很棒的平面設計師，也學過電腦排版，我鼓勵她跟雜誌社、出版社毛遂自薦，接些案子來做。一年後，蘭馨攢錢共二十萬元，終於有了自己的錢。

去年結婚週年，她和先生沒去餐廳吃飯，反倒是去了太平洋的島嶼度假，夕陽餘暉，手牽手，赤腳在沙灘散步，完全符合蘭馨對浪漫的想像。今年再見面，沒再聽到蘭馨提離婚一事，而是談了不少和先生有趣的生活小事。

是的，從蘭馨有錢開始，他們連相處模式也起了微妙的變化。過去，蘭馨心裡有怨，一開口說話就沒好氣，先生聽起來不舒服，也沒給好臉色，蘭馨以為先生不愛她，用語更加挑釁。現在不同，開始感到親密，蘭馨會先去碰碰先生，才用詢問的口氣說：

「老公，你幫我看看……這樣做好不好？」

脆弱，因為太重視

過去蘭馨之所以脆弱，是因為過度重視伴侶關係，卻不覺得被愛。為了自我驗證，證明不被愛是事實，於是做出各種傷害關係的行為。現在蘭馨不再做那些事，不再挑釁，而是尊重；不再譏刺，而是用溫柔擁抱先生。

台灣很暢銷的一本書《被討厭的勇氣》，來自於心理學家阿德勒的理論，他說，人類所有的煩惱，來自人際關係。至於脆弱，是因為重視，否則不會在關係中一再受到傷害，脆弱到不斷循環，跌落至深不見底的關係黑洞。

人到中年，請不要再容許關係上的負向循環，察覺出讓彼此脆弱的那句話、那個動作、那個行為，停止重複這些壞習慣，改去做另一件事。慢慢的，關係會被修復，重新開始，啟動正向的循環。

8

老夫老妻，不是親人，而是愛人

中年之後，長達四、五十年的夫妻相處，將會決定一個人的幸福感有多少。

問題是，婚姻走了二、三十年，像一條溪流逐漸乾涸，怎麼注入活水，激起四濺水花？

秘訣是——不要再把另一半當親人，而是愛人。

長久以來，我們都有一個觀念，人到中年，老夫老妻，是親人，不是愛人。生活從絢爛歸於平淡，彼此的關係不再追求激情，愛情不重要，親情最可貴。

可是，你滿足於這樣的夫妻關係嗎？

未必。

精神科醫師鄧惠文寫了一本書《婚內失戀》，副標是「有婚無伴的人生，不奮鬥就等著變灰燼！」但是有相伴、沒有相愛的婚姻，仍然是很多老夫老妻心底的遺憾。因為要活很久、要相伴很久，若是沒有愛情，婚姻是黑白的；加入愛情這個魔術，人生就會出現奇蹟，不僅變成彩色，也會找回生命的活力、婚姻的意義。

乾涸的婚姻、凋零的愛情

當人的壽命平均只有四、五十歲時，就算早婚，做夫妻再長也不過二、三十年光景，湊合湊合就過了一生。現在不一樣，周圍盡是八、九十歲的老人家，這一代中年人活到百歲以上並不稀奇，若是執子之手、白首偕老，可能要過上七、八十年的夫妻，能湊合過嗎？當然不行。

所以，人類長壽之後，帶來了新課題。中年之後，長達四、五十年的夫妻相處，怎麼維持親密關係，將會決定一個人的幸福感有多少。

問題是，婚姻走了二、三十年，感情淡了、婚姻累了，不再有性生活，也無話可說。眼見婚姻像一條溪流逐漸乾涸，怎麼注入活水，找回昔日的愛，激起四濺的水花，有感地知覺對方有血有肉的存在，是越來越多中年人探索的重點。

麗雯退休之後，雖然孩子離手，卻必須照顧年邁的父母。看著八十餘歲的父母整天你看我、我看你，沒說上兩句，寂靜無聊地過上一天，麗雯自認為必須做點什麼，在父母的餘生，幫助他們留下美好的回憶。遺憾的是，最後都不了了之。

比如要帶他們到公園走走，父親揮揮手說不必，心臟疼，不想出門；母親則抱怨膝蓋疼，走不了太遠，上廁所也不方便，不想給她添麻煩。每一天就這樣無聲無息過了，麗雯看得出來，這對老夫老妻已經習慣日子灰濛濛的、靜悄悄的，像是被大霧鎖住的一潭湖水，連微風吹過都不見一絲波紋。

為了老來還有愛的感覺

父母覺得這樣相處再自然不過，有一天麗雯突然清醒過來，發現眼前的父母等於是預演一遍老年生活給自己看，他們不就是自己的未來嗎？

「如果我現在不做任何努力，老來就會像父母一樣，只有相伴，沒有相愛。」

麗雯的父母最常掛在嘴上的話，無非是「老來夫妻老來伴」，彼此像親人一樣相伴，即使不再相愛如昔，也沒有哪裡不好啊！在上一代的觀念裡，老年人沒有權利享有愛情，愛情在老年生活是缺席的。若是老來有了愛情，才是鬧革命吧？所以沒有愛情的婚姻，不會讓他們有失落感。

但麗雯看到的是不同畫面，看到的是兩個日漸枯萎的老人，而不是享受人生的老人。如果兩人的關係注入「愛情」這個元素，是不是會產生什麼化學變化？

愛情，回春的靈藥

旅美作家朱立立有一篇文章〈兩老無猜〉，寫她自己的故事，在網路上瘋傳。很多人不相信她寫的是事實，這透露出一般人的心態，不認為老人也需要愛情，更不相信愛情對一個老人產生的力量，遠高於醫生的治療與他人的陪伴和照顧。

朱立立結婚四十年，先生是教書五十年的老教授，兩人恩愛逾恆。退休之後，先生中風又失智，變得疑心病很重，經常找碴，比如指朱立立故意把他的東西藏起來，性格陰晴不定、脾氣暴躁，兩人爭執不斷。朱立立照顧不來，不得已把他送至療養院。

朱立立每天還是去探望他，一陣子之後，卻每次撲空，朱立立驚訝地發現，八十餘歲的先生竟然交了女友，談起戀愛來了。朱立立未強加阻撓，反而不管他人異樣的眼光，經常三人同行，由她推著「小三」，和先生一起散步、聊天。

女友的健康很差，不時暈倒、住院。為了照顧女友，老先生原來必須靠輔助器行走，也就學會一手拄著柺杖，一手騰出手來攙扶女友，展現強大意志力。逐漸地，先生的健康狀態日益好轉，還搬到另一家療養院，住單身公寓，獨立料理生活。更驚人的變化是，他接受各地的演講邀約，恢復昔日的聲望，被讚譽為療養院裡最迷人的男士。

這就是愛情的力量。

他是愛人，不是親人

看久了父母演出的「預告片」，麗雯不想重複這個老套劇情，趁著中年還有體力，決心把愛找回來。

在過去二、三十年的婚姻裡，夫妻倆忙著工作、育兒，早就磨光浪漫情懷，也逐漸把對方視為理所當然，任由關係失去親密性，養成平淡如水的相處模式。麗雯深知，隨著年紀漸大，這個模式將更形僵化、難以改變，直至步入老年，一切都來不及為止。最後，就只能過著和父母一樣平淡無趣的婚姻生活。

麗雯的做法，其實主要是觀念上的改變，做法倒是很簡單，比如：

一、把他當愛人，不要當親人

愛人或親人，有什麼差別？是親人就會無感與隨便，是愛人就會在乎與珍惜，感受不同，回應也會不同，就會帶動良性循環。比如麗雯不再叫先生「喂」或是「爸爸」，改成輕喚年輕談戀愛時的小名，很奇妙的，開始有了戀愛的感覺。

二、少溝通，多碰觸

女人動不動就愛說，我們坐下來溝通溝通，男人特怕這點，所以麗雯不再溝通，而是走過去挨著坐，啥話不說，靠著他、貼著他，摸摸他臉頰，或是幫他按摩兩下，無言勝有言，反而是最高境界的溝通。

三、一起做新奇的事

麗雯不再和先生去熟悉的地方，比如常去的餐館、常點的菜色等，而是參加新社團，學習新事物，認識新朋友……這會帶來什麼？新話題！老夫老妻最大的致命傷是無話可說，一起做新奇的事，創造新的談資，相處就不致沉悶無聊。

把愛找回來之後，不僅婚姻關係起了微妙的變化，整個人生都會有重生的感覺，擁有快樂與健康，花開滿園，五彩繽紛……這不就是你尋尋覓覓的第二個春天嗎？

9

與子女的關係是一種緣分，得之我幸，不得我命

子女成材與否，是一種機率；與子女之間的關係，是一種緣分。要知道，這世間不是所有事努力就有成果，因此不必苛求自己，別被這片烏雲給遮蔽萬里晴空，而從此陰雨綿綿，不見陽光，再也快樂不起來。

過年，對於有些成年子女是煎熬，對於父母何嘗不是？

這個年假，琬琬約我出來玩。她是玩咖，懂得哪裡有得走走逛逛、有得吃吃喝喝，一路上開心得不得了。我們都各有一個獨生子女，自然地就問候起他們的近況。一向樂觀堅強的琬琬難得語氣黯然，她說：

「不知道，過年沒有回來團圓。」

子女大了，心就遠了

這是一種心酸的感覺，我懂。兒子放寒假時，如果不是他父親再三叮嚀回來看他娘，其實是要留在學校，接著就回到當地爺爺奶奶家過年。結果匆匆回家一個星期，總共沒打幾個照面、沒說上幾句話，做媽媽的其實使不上什麼力氣，只能候在家裡等待一個快閃，如此而已。

子女成年之後，十之八九如此，也不知道從什麼時候開始，彼此的距離遠了。

雖然惆悵與失落，但也不能太嘮叨，只能順其自然，否則連家都不回，面都見不著。可是不回家過年就有些嚴重，琬琬受過高等教育，事業做得也成功，做人處世自持有分寸，她用一種尊重的口氣說：

「女兒想和父母保持距離，這已經兩年多。」

再成功的人，或多或少都埋藏著心事、留有些遺憾，只是遺憾不同罷了；可是最遺憾的，莫過於和子女不親。在過去的年代，大可以給子女扣上一個「不孝」的罪名；然而到了現代，父母多半受過現代教育，已經明理到不會這樣指責子女，反而多的是自省：

「也許，在女兒成長的歲月裡，我們曾經說過不該說的話、做了不該做的事，刺痛她的自尊心，以致她不想看到我們，揭開傷疤，再痛一次。」

為了女兒，做出各種犧牲

事實是這樣的嗎？

當然不是！

我們都知道，為了教養女兒，琬琬做過多大的犧牲、付出多大的努力。

她先是捨下優渥的薪水與亮麗的前途，從一家必須每天加班的外商離職，回家做家庭主婦，相夫教子。後來，她自告奮勇到孩子班上教英文，開發出一套遊戲教學，由於效果極佳，口耳相傳，兩年之後，在家長的支持下，琬琬在學校附近開班授課，逐漸發展成事業。

這個結果，是她始料未及的。一開始所作所為的發心，都是為了讓女兒有一個快樂的童年，不過就在她無心插柳柳成蔭的同時，女兒卻陷於有心栽花花不開的困境裡，這才是拉開她們距離的肇因。

步出校園，進入社會之後，女兒走得磕磕絆絆，並不順利，工作有一搭沒一搭，看到人前風光的母親，只有一個念頭——躲！越遠越好，不看見最好，免得心裡有壓力，連頭都不敢抬、正眼也不敢瞧。

琬琬看在眼裡，痛在心裡，想伸手拉女兒一把，比如到她的補習班來幫忙也好，以後或許可以接班。這一番好意，女兒不僅不領情，還以為琬琬瞧不起她，認為她無法自立自強混出名堂，惱羞成怒，把一腔失意全部倒到琬琬身上，對她大吼：

「妳是想把我養成一個啃老族，好控制我一輩子，是嗎？我偏不！」

就這樣，女兒離家了。一開始還跟爸爸有聯絡，後來換了手機、搬了家，再也杳無音訊。

今年過年前，琬琬夫妻倆還四處尋覓，想要找女兒回家圍爐，重新開始親子關係。不過，看來女兒是故意躲著他們，怎麼找也找不著，琬琬不得不頹然放棄吃團圓飯的奢望。

失敗的母親？

琬琬嘴上沒多說啥，心裡卻是痛極了。這是一個說不出口的遺憾，哪個做媽媽的能夠坦然承認，女兒不認她，自己是個失敗的母親？這比承認自己在事業上失敗還難以啟齒！

在不少女性的內心深處，擁有幸福的婚姻、美滿的家庭、有成就的子女，才算得上真正的成功。而琬琬，連年夜飯都團圓不了，是多大的挫敗啊！

琬琬的故事，讓我想起英國鐵血首相柴契爾夫人過世時，最熱的新聞不是回顧她一生的豐功偉業、改變英國歷史，而是在談她閉上眼的那一刻，身邊連一個子女都沒有。即使後來聯絡上她的子女，他們也都一副事不干己的態度。這使得世人在對柴契爾夫人的一生蓋棺論定時，除了功過各半、毀譽參半外，還多了一個說詞

——孤獨離世。

這則新聞不時會在LINE上流傳，評價都倒向一邊，充滿警世意味，提醒世人在追逐功成名就的同時，家庭才是最終的價值——不就是在暗示當女性追求自我實現時，可能犧牲婚姻與子女？

這種說法，為無法事業與家庭兩全的女性，帶來無邊無際的愧疚、遺憾與焦慮不安。

女性多半是這樣想的，初心是寧可要家庭成功，也不求事業發達。假使有位女性正好相反，事業發達，家庭卻不成功，我要打從內心替她說一句公道話，這樣的結果絕對不是她的本意，一切都是無奈的發展。

如果時光可以倒流、人生可以安排，按著自己心中想的去做，她們最想緊緊相擁、抱個滿懷的是丈夫與子女，而不是事業與鈔票。

問心無愧，也就夠了

這一路上，做媽媽的都盡心盡力了。該照顧家庭的事做了、該經營婚姻的事做了、該教養子女的事做了……沒有一樣不是鞠躬盡瘁，至於結果如何，只能盡人事、聽天命；問心無愧，也就夠了！

子女成材與否，是一種機率；與子女之間的關係，是一種緣分。

要知道，在這世間，不是所有事努力就有成果，因此不必苛求自己，別被這一片烏雲給遮蔽萬里晴空，而從此陰雨綿綿，不見陽光，再也快樂不起來。若是如此，這趟人生未免太苦，也太不值。不妨在心裡跟自己說：

「得之，我幸；不得，我命。」

10

多些歲月，多些眼光

生命，本來就要浪費在美好的事物上。

不講究的人，一生都會過得將就；勉強自己的人，一生都會過得委屈。

不再年輕，不再飢渴，啥都不缺，何妨讓生活多一點自己的風格——少一點流行，多一點優雅，少一點張揚。

我每次見到彩虹時，都會被硬生生嚇一大跳。她回回打扮得花枝招展，像一樹盛開的桃花，紅艷艷朝著每個人大剌剌怒放。我總有一時半刻被閃花了眼，張不開來。等到回過神來，看著她那一身張牙舞爪，忍不住笑著問：

「妳這一身貨，打哪裡買的？」

彩虹天生樂觀自信，對自己的任何大小事都滿意得不得了，馬上把所有訊息攤在我的眼前，告訴我，上衣在哪個市場買的，才兩百九十元；裙子在百貨公司的花車搶的，打兩折；鞋子是倒店貨，買左腳送右腳……

「都很便宜。」

何必穿「沒人要的便宜貨」？

不必彩虹自己說，任誰都看得出來是一身便宜貨。問題是，年薪百萬的高級業務，難道不能穿得有質感、看起來優雅一些嗎？彩虹說不行，要趕流行，必須不斷添行頭，如果都買高檔貨，早就破產了。反正只穿一季，便宜一點不至於心疼。那麼，衣服過季不流行之後，怎麼處理？

「丟了！」

彩虹的理由是，通通都是便宜貨，穿過了也不會有人要。這聽起來還滿奇怪的，彩虹不就穿了一季她後來認為「沒人要的便宜貨」。彩虹跟著流行亦步亦趨，得到什麼評價？

她的主管是一位男性，並不欣賞彩虹的品味，要我跟彩虹說，買幾件高檔稱頭的行頭墊高身價，業績一定可以做得更好。否則，有些場合還真是不方便帶彩虹出面。主管說，人到中年，彩虹要懂得「Less is more」的道理，學會一件事——

多些歲月，多些眼光。

說得真好！這是歲月篩過，留下最中肯的一句金句良言。

不再年輕，不再飢渴

年輕剛開始賺錢時，什麼都沒有，看到什麼都覺得正缺著呢、好想要，就奮不顧身地撲上去，一把搶下來。尤其穿戴用品，衣服啦、包包啦、鞋子啦，只要跟得上流行，別人穿什麼，自己也要穿什麼，不管合不合適、穿不穿得了，通通狠狠地把卡刷下去。

可是日子久了，房子感覺上變小了，空間不夠用，才發現災情慘重。一堆東西標籤未剪、包裝未拆，可怕的是根本用不著，懷疑當初有如被雷劈到，整個家滿坑滿谷，連走路的地方都沒有。就算轉送別人，對方還會一臉尷尬地搖搖手說，真是不好意思，生活中用不到。其實從對方來不及收回的表情，我們讀到了這個意思：

「連這樣的東西，你都買？是不是腦子有洞，還是眼光有問題？」

不再年輕，不再飢渴，啥都不缺，何妨讓生活多一點自己的感受、少一點別人的意見；多一點自己的風格，少一點流行；多一點優雅，少一點張揚。

我的另一位朋友芝蘭，和彩虹的性格恰恰反其道而行，出名的挑剔，喜歡吃好的、用好的、穿好的，生活細節方方面面都講究。她常說：

不講究的人，一生都會過得將就；勉強自己的人，一生都會過得委屈。

也許你會以為芝蘭是個有錢人，倒也不見得。她的薪水不如彩虹高，但是只要花錢，芝蘭一定堅持「自己喜歡的」，不喜歡的絕對不花錢，一點都不打算勉強；其次，一定是「可以用很久的」，比如用上三年還感覺好用的東西、穿上三年還好看極了的衣服，否則就是浪費。因此在要不要花錢的當下，芝蘭都會問自己：

「三年後，我還會喜歡它嗎？還會想要用它嗎？」

買好東西，顯現自己的價值感

如果答案是否定的，芝蘭就不會出手。所以，芝蘭不太「有機會」花錢，不過一旦花錢，一定不委屈自己、不儘往便宜裡挑，難免價格都有些高檔，但是她堅持這麼做，她說：

「在別人眼裡、在自己心裡，我都是有價值的人，而不是一個便宜貨，看起來廉價，用一用就丟了。」

說到這裡，也許你會以為芝蘭難搞，一點都不會，反而很好相處，因為她有原則啊！分寸定在哪，就在哪，大家都知道，就容易配合她，更何況跟她一起出去吃啊買的，有她鑑賞過，從來都是品質保證、包君滿意，大家當然喜歡這些場合裡有她在。

我們見面時，最喜歡約在芝蘭的家裡，怎麼說？因為「家徒四壁」，沒什麼東西，視覺不紛亂，空間不擁擠，一踏入她的家門，很自然地心情馬上安定下來，聊天的話題也能夠深入，談話既有品質，又有收穫，而且彼此都自在舒服。不過最主要的，還是大家愛在她家逛來逛去、東瞧西瞧，看芝蘭的各項生活用品。物件不多，形制簡單，各個卻像收藏品一樣，一下就抓住大家的眼光。

像是芝蘭有一個鐵壺，是去日本旅行時帶回來的，用來泡茶。一方面鐵壺的導熱性佳，提高水的沸騰度；二方面含有二價鐵離子，增加口感。到了冬天，芝蘭還會端出炭爐，用鐵壺燒水，聽著炭火劈哩叭啦作響，圍在桌邊，不自覺地也溫暖起來。這時，其中一位朋友突然發出一聲嘆息：

「這不就是生活嗎？」

用品，等於生活

是的，用品等於生活。用到一個好東西，生活會構築出一個獨特場景，人在其中，每個毛細孔都會舒張，呼吸著生活的好氣味，而這就是品味。一樣的，穿上一件好衣物，我們也會在包覆中，像嬰兒一樣感到安全、舒服、自在，舉手投足散發出美好氣質，就像行走中的藝術，而這也是品味。

不論使用物品或穿衣，主人都是我們自己。那麼，寧願讓自己看起來有價值，也不要是個便宜貨，不是嗎？買不起好東西，沒關係，少買一點便宜貨，就買得起好東西。

生命，本來就要浪費在美好的事物上。千萬不要將就了品質，馬虎了人生，委屈了自己。

PART 4

在真正老去之前——職場中年，身段可以更優雅，更有韌性

為了保有工作，在這個危機四伏的年紀，必須不斷加強實力，證明自己的價值，同時也要學習緩步走下山，告別舞台，留下美麗的背影。

1

中年工作，一定要加入「興趣」與「意義」

人生本來就沒有意義，是自己賦予意義。

走到中年，金錢、興趣與意義，是工作的關鍵三元素，其中意義的比重會拉高一些。所以，工作的內涵要再搭配「價值觀」的考量，對社會有奉獻，產生公共利益，就會感到人生有價值。

中年以後，有些人的生活步調逐漸慢下來，一邊上班工作，一邊怡然自得的過日子，工作與休閒取得平衡，有一種與天地相融的調和感，讓人羨慕不已！可是仔細看看這些人，並非特別事業有成或擅長理財，他們是怎麼做到自由自在過人生的，不免令人好奇。

其實，秘訣藏在「時間」二字裡面！

這樣的人，有一種特別的能力，年輕時就展現出超凡智慧，總是能夠順應生命，在各個人生階段，掌握當時應該背負的使命，做出正確的選擇，以致到了今天這個人生階段，也就順理成章地得到應有的生命姿態與人生樣貌，讓別人得以在他們的臉上讀到「自由」二字。

三個對的「時間點」

整體來說，時間的對與錯、選擇的對與錯，會交叉織出以下四種我摘錄來的人生風景：

在對的時間，做出對的選擇，是一生幸福。
在對的時間，做出錯的選擇，是一場遺憾。
在錯的時間，做出對的選擇，是一段荒唐。
在錯的時間，做出錯的選擇，是一聲嘆息。

至於什麼是對的時間、什麼是對的選擇，生涯專家會說上一大段理論、給上一大堆名詞，我個人覺得，都不如鴻海董事長郭台銘的意見來得中肯務實，適用一般人。

他說，一個人在職場上的發展，分為三個階段，要在對的階段做出對的選擇：

- **第一階段，剛畢業十至十五年**：工作的目的是為了賺錢，最重要的事情是學習與努力，心思要花在打好能力的基礎，努力工作，讓薪水的發展性可以站到一個有利的位置。因此在職涯的第一個階段，對的選擇就是培養能力，努力賺錢。
- **第二階段，大約三十五至五十五歲**：工作的目的是為了理想，最重要的事情是找到符合自己價值觀的工作，站好一個位置力求發展，具備明確的目標與方向，專心打拼，自我實現。這時候，所謂對的選擇是追求專業地位以及升遷發展，更上一層樓。
- **第三階段，五十五歲至退休**：工作的目的是為了興趣，最重要的事情是符合興趣，做得快樂，與退休後的生活接軌；甚至不必退休，還可以持續工作，保持活力，卻不再為五斗米折腰，工作壓力變輕，也覺得人生充滿意義、自己是有價值的人。

對的時間，做錯的選擇

在對的時間，做對的選擇，是一生幸福！可是，難就難在這裡！有些人就是做不到，老是和「對的時間」逆著來，做出「錯的選擇」，錯失時間點與機會點。所以，每件事都能做，重點是在對的時間做。事情常常不是做錯，而是在錯的時間做。

年輕的時候，特別有主張有想法，還有臭脾氣，一心一意追尋夢想，嫌賺錢太俗氣，拒絕金錢玷污了理想，拒絕妥協與迷失，以致放任自己在不斷的追夢與夢碎中磋跎歲月，錯過在生涯第一階段培養能力、努力工作、證明自己、站穩位置。等到第二階段，別人已經就定位，逐步往上爬升時，他們才要回頭找方向，卻又因為不再年輕而機會減少。

中年以後，財務還無法自由，仍在為柴米油鹽苦惱，工作的目的是為了賺錢，不論是因為養兒育女或未來養老，都是難以承擔的壓力，就會油然產生一種少壯不努力，老大徒傷悲的悵然。

事實上，過去的歲月不是不夠努力，而是在錯的事情上努力，該努力賺錢時，卻努力追求夢想；該努力定位時，卻努力換工作……但是，時間過了就是過了，後悔也無濟於事，能想的就是來者可追，在此時此刻做出改變。

加入「興趣」與「意義」

過了中年，還要繼續工作，賺錢養家，心裡難免悵然，唯一的辦法就是加入興趣與意義，在薪水之外，找到其他價值，於內心深處獲得平衡。

走到人生的第三階段，工作核心是興趣，也重視有沒有意義，所以工作的內涵一定要再搭配「價值觀」的考量。

換句話說，做的工作既是要符合興趣，感到快樂，也要對社會有奉獻，產生公共利益，覺得有意義，證明自己是一個有價值的人。

金錢、興趣與意義，是中年人工作的關鍵三元素，在比重上不妨自行調整，也許是賺錢重一些，興趣與意義輕一些，但是三者都要有，會比純粹考量到賺錢，更可以提高工作的尊嚴，以及自我的價值。

人生本來是沒有意義的，是由自己賦予意義，怎麼解讀工作是自己的責任。

有三位磚匠，工作都一樣是砌磚，可是工作的意義完全不同。第一位說在砌一面牆，第二位說在砌一棟房子，第三位說在砌一間與上帝溝通的尖塔教堂，而第三位磚匠工作最快樂帶勁，因為他找到工作的意義。

中年工作，需要加入意義，看到自己的價值，就會做得充實快樂！

2

不要做張學友，要做有價值的海豹

走到中年，職場上來到山頂，接著是緩步下山，生涯必須開始減項，減少工作、工時以及壓力，但還是要繼續維持競爭力，怎麼辦？

找出自己的「SEAL」，強化核心價值，而不是和年輕人拚時間和體力。

我的年輕同事是一位演唱會迷，看了不下兩百場演唱會，花四千八百元看張學友的「經典世界演唱會」，隔天到辦公室，興沖沖告訴我，這一場是她個人觀看演唱會紀錄的第一名！不過看到一半時，她卻興起想回家的念頭，因為看到台上五十三歲的張學友為了演唱會所表現的敬業水準，以及舞台的華麗效果，她突然之間覺得好丟臉，怎麼自己如此浪費生命，想要回家努力從事個人創作！最後，她呼了一口氣說：

「四千八百元真是太便宜！」

後來我上網查了一下口碑，同事的結語也是大家共同的心聲。他們認為，這場演唱會結合三十二人的大型樂團暨管弦樂、三十位專業舞者，搭配十套服裝造型，以及詮釋歌曲的才華、唱作俱佳的體力、目不暇給的舞台燈光，再加上張學友專業、敬業、創新和真誠的個人特質，讓網友直呼值回票價。

張學友自己也說，為了實現四面舞台開唱的夢想，他需要——

「付出二至三倍的體力！」

三個重要的減項

即使如此，跨過五十歲的中年人，可別以張學友為榜樣，企圖想要「後五十歲，有為者亦若是」，在職場三百六十五天都這麼「蠻幹」！請注意，這是演唱會的規格，張學友可是足足準備兩年才再度站上舞台；至於平日的職場，雖然要做好做滿，也要創新，但是此時此刻，健康才是中年人第一優先要考量的重點。

因此，要邁入減法生涯，做到三個「減」：

一、減量

工作量要比過去少，但不是驟減，而是逐漸減下來。怎麼減？原則是聚焦，做自己擅長的強項，做最有效益的事情；至於別人做得來的，就放手給別人做，也給別人發揮的空間。

二、減時

從每天加班，慢慢減至準時下班，把工作與生活切割開來，各自獨立，互不干擾，下班後的時間用來培養興趣或第二專長，以備不時之需，在遭致資遣時，拉起第二條生涯曲線。

三、減壓

壓力是健康的最大殺手，中年以後特別要注意的是減少不必要的壓力，而工作與人際是壓力最大來源，也是最可以自我調整的部分。不妨試著減少工作項目及人際往來，讓生活從璀璨回歸淡泊。

海豹，藏有最重要的四項價值

可是，這麼一減下來，難免要發慌，擔心會不會減到最後，什麼都沒了，全部歸零？

這就是重點。撥開層層的虛飾包裝，露出核心的部分，很多人才發現找不到自己在職場上的真正價值，恐慌便油然而生。就像國王的新衣，一直以為自己穿了華美的衣服，經過天真的孩童一說，驚駭自己根本是裸體遊街。

其實，這是多慮的！在江湖走跳二、三十年，每位中年人都有不可忽視的價值，只是我們習慣了，覺得這些價值不值一提，而縮小或輕忽它們。事實上，它們一直存在，中年人要做的不過是撣一撣上面的灰塵，讓它們重現光華，重新閃耀。

在職場掙得一席之地，就是要把自己變成SEAL，也就是美國聞名全球的海豹部隊（SEALs，美國海軍三棲特戰隊）！在SEAL這四個英文字母中，藏有最珍貴的四種價值。中年人要做的是從這四個價值下手，檢視自己的含金量有多少，越多就表示價值越高。

S（Skill）技能

不論是年輕人、中年人或老年人，只要是在職場活躍，專業技能都會是最重要的價值。在工廠裡，有些老師父年逾六、七十歲，老闆仍對他敬重如山，無非是看重他們的技能，而這些技能在歲月的磨礪中，閃耀著年輕人難以企及的光芒。一技之長在身，是最耐得起時間挑戰的價值。

E（Emotion）情緒

情緒管理，絕對是中年人另一項傲人的優勢，這是時間送給中年人的最大禮物。因此，絕對要表現出高於平均水準的EQ，讓年輕人看到從容優雅的姿態，以及寬和親切的脾氣，拋開代溝帶來的距離感，樂於接近，坦誠相見，團結合作，追求組織的最大效益。

A（Attitude）態度

比起年輕人的不成熟與躁動，態度恐怕是中年人最搶不走的價值。一般來說，台灣的企業最期待員工具備以下態度：勤奮度、忠誠度、配合度，就像他們常掛在嘴上的「吃苦耐勞」、「肯做肯學」，而這些偏偏是年輕人嗤之以鼻的人格特質，卻是中年人在職場屹立不搖的關鍵。

L（Learning）學習

老實說，在學習力這個部分，年輕人比較占優勢。中年人不少會倚老賣老、拒絕改變，或抗拒學習新知識新技能，這會讓自己被時代淘汰，此部分最值得心存警惕。相對的，如果有中年人在這部分表現得突出，勇於改變，樂於學習，快速成長，便很容易刷新大家的印象，脫穎而出。

未來的生涯裡，只要能力保這四項價值於不墜，兼具S（技能）、E（情緒）、A（態度）、L（學習），那麼工作上的減量與減時，並不會稍減中年人在職場上的競爭力。

歡迎加入職場的海豹部隊！

3

展現柔弱，也是職場的生存之道

人到中年，每個人的際遇落差極大，有人幸運，財務自由，生活無憂；有人還要工作賺錢養家或養老，最擔心的莫過於被資遣。這時候，不要再用年輕時的「裝強」策略，而是要「示弱」，展現前所未有的韌性。

稻苗青澀時，是堅挺向上拔；結穗飽滿之後，往下低垂，我們將之比喻為謙虛，其實它是生存之道。唯有向大自然彎腰，沉重的稻穗不致折斷，鳥類也找不到著力點，便可以保存辛苦孕育的果實和種子，綿延生命。

大自然這麼教導我們，老子也是。人生前半段要讀孔子，後半段則要讀老子，老子認為，「堅強是死亡之路，柔弱是生命之路」，教的是柔弱之學，展現「示弱的勇氣」，坦然地卸下外在的盔甲，遇見真實的自己，學會柔軟輕盈，順應人生的高低起伏，恢復彈性，找到另一個新的出路。

中年在職場，首要避免被裁員

人到中年，即使我們自認為還年輕有為、活力十足，但是時不我予，時間已經不站在我們這邊，時代正漸漸離我們遠去，碰到的職場難題和年輕時不同，資遣、裁員、優退、被退休……都會成為要面對的新課題。

在這個年紀，每個人的際遇大不相同，有人幸運，財務自由，生活無憂；有人還要工作賺錢養家或養老，最擔心的莫過於公司有任何風吹草動，裁員大刀動到自己頭上。一旦被炒的是自己，年過五十歲要另外找工作，是一件非常困難的事，而家裡有了這一頓，沒了下一頓，還有上下要養，令人寢食難安。

這時候，在職場的重點，不再是求發展，而是求生存，首要之務是避免被裁員。再有雄心壯志，一旦不幸被裁，面對柴米油鹽，很難有豪情萬丈。怎麼做呢？

示弱，是一個解決方案。

就像飽滿的稻穗，從外面看來好像走到了耀眼的黃金收成時節，但心裡再清楚不過，是收成，也是收割，唯有往下低垂，才能存續得久一些。

幫助弱者，被崇尚的美德

可是，這輩子在職場學到的生存哲學，就是要「裝強」，就算只有七分本事，在氣勢上無論如何都要擺出十分，這是走上坡時的法則；到了走下坡時，「裝強」就不如「示弱」了。

惻隱之心，人皆有之，發出需要幫忙的訊息，讓他人心生憐憫，再給一些機會。看起來似乎是沒出息，但這就是韌性，也是生存之道。

我的同學在外商任職多年，認真負責，親切友善，表現優異，和大家相處愉快，可是到了要裁員時，竟然是她被裁。總經理的理由是她有先生，而先生是公務員，經濟無虞；被留下的同事離婚，要養兩個孩子，需要這一碗飯。

不只在裁員時，家庭經濟是一個考量因素，即使在錄用新人時，它還是可以發揮效用，再次證明大家都是同情弱者的。

再有一個例子，有一名近四十歲的女生考國營事業，筆試過了，第二關是面試，非常緊張，因為打聽的結果，這家企業以錄用年輕人為優先，於是跑來問我該怎麼辦。我知道她離婚，沒有贍養費，養兩個孩子，於是我教她讓主考官明白她的家境與重擔，知道她一定要拿到這份工作，而且任職之後，為了養家，一定全力以赴，穩定性高。最後，她勝出。

同情牌，最後一張王牌

這樣的示弱，對於一些強調實力掛帥的年輕人來說，似乎不登大雅之堂，勝之不武，令人不齒。但是，對於失去年齡優勢，四處碰壁的中年人來說，同情牌是最後一張王牌，一定要打出來救命，在對方做決定時，發揮關鍵影響力。面對生存之戰，有效最重要！找工作，錄取擺第一！錄用以後，再發揮實力都來得及。

在《三國》裡，關羽是百戰百勝，讓敵人聞風喪膽的大將軍，最後敗在東吳兩個人的手上，一是不讀書的武夫呂蒙，一是沒打過仗的書生陸遜，他們用的招數便是「示弱」。

呂蒙是大都督，守在第一線，先是他假裝生病，不得不退回大後方，並向孫權推薦陸遜接手。陸遜一到職，便給關羽寫信，極盡吹捧之能事，說關羽多會打仗，而自己多麼無能，目的是讓關羽認為陸遜不過是一介書生，只會吊書袋、搖筆桿，不是打仗的料，不足為懼。果然，關羽在看完信之後，哈哈大笑，說孫權集團從周瑜、魯肅、到呂蒙、再到陸遜，一代不如一代，而疏忽東吳可能帶來的威脅。

於是，關羽一撥一撥地把緊鄰東吳的大軍調至他處，全力對付曹軍，等到人馬都抽走之後，呂蒙不生病了，陸遜也不書生了，兵分兩路抄關羽的大本營，奪回荊州，還砍下關羽的首級，讓孫權獻給曹操。

讓老闆知道，你需要這份工作

因此，還在職場打拼，賺一口飯吃的中年人，要知道一味的剛強只會讓自己早早折斷；應該要當強則強，當弱則弱，做好這三件事：

一、努力表現

雖然每年都會打考績，但是真到了裁員時，不會把多年來的考績拿出來做平均，而是看最近一、兩年的績效，所以往者已矣，來者可追，非得要越來越努力不可。但光是努力不夠，績效最重要，數字必須做到讓老闆「有感」，認定你是個不可多得也不可失去的人才。

二、釋放訊息

讓老闆與主管知道自己的家境有所匱乏，需要這份工作。這對個性好強、外表風光的人來說，格外困難，面具拿不下來，身段彎不下來；但也是一個學習的契機，學習面對人生的低潮，並且承認自己並沒有別人想的那麼好。即使沒有面子，也要看在「裡子」的份上撐下去。

三、不要請長假

到了中年，特休假都是二、三十天，千萬不要一口氣休完。在台灣的本土公司，休假逾兩星期是犯大忌，這無非是在告訴老闆，這麼長的時間沒有你，公司也都沒出狀況，所以也許根本不需要你這個人。這樣說，年輕人會不以為然，罵中年人奴性，卻是真真實實的一個地雷區，離它遠一點吧！

4

中年之後，必須有接受減薪的準備

當時間不再站在自己這一邊，年齡不是優勢而是劣勢時，中年人在職場可說是岌岌可危。為了能夠繼續工作，必要時恐怕必須主動向公司提出減薪，至少保住飯碗，這是職場生存必備的柔軟力。

朋友老賴五十六歲，在公司任職滿二十年。按照勞基法，他可以辦理退休了，但是養老金還未存夠，打算繼續做下去。年後，老闆把他調至另一個單位，從帶領二十人減到麾下三人，不再負責核心業務。因為年紀漸長，老賴樂得輕鬆，沒有任何抗爭就接受新的安排。

接著，老闆請來一位管理顧問，開會時，炮火都對準老賴猛烈開打，而老闆在一旁始終諱莫如深，不發一言。漸漸的，其他同事開始附議管理顧問的發言，一面倒地也群起攻擊老賴，老賴跟我抱怨：

「現在年輕人也太會見風轉舵了，拍馬屁拍成這個樣子。」

豬頭的中年人，醒醒吧

我搖搖頭，明白指出這是「逼退」！老賴嚇一大跳，問我是不是要另找工作，我還是搖搖頭，提醒他另外找工作困難重重，也一定被減薪，還不如主動去找老闆談話，用減薪的方式繼續任職。

「可是，老闆並沒有說要減薪，我自己去提很奇怪……」

「他雖然沒有開口，卻用盡小動作，其他年輕同事都懂了，你還不懂，是你豬頭吧！」

「可是，過去二十年來，我為公司打下汗馬功勞，難道不值得給我這個薪水嗎？」

「薪資，不是給過去的你，是給未來的你；老闆這麼做，表示他不看好你未來的價值。」

每年減少十七萬人在工作

之所以說上面這個案例，是因為二〇一七年九月四日，我打開報紙，頭版赫然出現勞動部要推行中高齡就業，預計草案在年底送立法院審議，而企業竟然一改過去「凡勞動政策必反」的立場，表示只要政府不採強制，而是鼓勵，他們都願意重新錄用中高齡者。為什麼？

因為自二〇一六年起，勞動人口「每年」減少十七萬人以上！

台灣的就業人口（十五至六十四歲）二〇一六年有一千七百二十二萬人，十年之後預計減少一百四十萬人，剩下一千五百八十二萬人。但這個數字還不是最可怕的，台灣的生育率二〇一六年降至一．〇七%，是世界最低，推波助瀾之下，少子化的速度是全球最快，到民國一百五十年，就業人口只會剩下——

不到一千萬人！

企業正面臨無人可用的窘困，即使給再多的香蕉，也找不到猴子。然而，一般用人主管尚未意識到這個危機，我到幾家大企業演講，問在座的主管們，最高可以接受的新人年齡是幾歲，毫不意外的，全部都鎖定——

三十五歲以下！

可是，就像一個用錯方法減肥的女人，該減的肥臀不減，減的都是原本傲人的胸部，人口紅利減少不在中高年齡層，而是減在「不該減」的三十五歲以下！前後這十年，二十四至三十五歲的青年人口占比，自二三％降至一八％，大減六十四萬人。

彈性就業，就是減薪

當我秀出上面的數字時，企業主管無一不露出驚詫的表情，張口結舌，久久拉不回下巴，才懂得為什麼一直找不到人，因為他們固執不變地要在快速乾涸的水池裡企圖舀出更多的水。

天佑台灣，這一次看起來企業願意清醒過來，面對這一股不可逆轉的趨勢，沒有年輕人可用了，就試試中老年人吧！這是企業不反對的原因。

台灣的中高齡就業，和其他先進國家相比，表現是相當差的，主要原因在於企業在雇用上，限定三十五歲以下的小鮮肉，嚴重歧視中高齡者所致。台灣人都自比是勤懇的水牛，不過從二〇〇九年至二〇一四年平均退休年齡來看，男性是六十三歲，在三十五個OECD國家中，排名第二十二，日本六十九歲、美國六十六歲（以上四捨五入）。

即使政府開始訂定中高齡就業政策，出現一線曙光，仍然請注意，報紙上的標題寫的是「提高勞動參與率，中高齡擬開放『彈性就業』」，「彈性就業」才是該畫紅線的重點，事關每位勞工未來的就業權益，不得不深入了解。

報紙是這麼解釋「彈性就業」的，比如上半天班或一週工作兩、三天的彈性工時、薪資，或提供只需部分工時彈性職務，以鼓勵員工延後退休，退休勞工可二次就業。說起來，這就是日本的「繼續僱用制」，勞工到法定退休年齡若繼續工作，勞資可重議薪資、工時。

老闆「不好意思」開口談減薪

一般員工看到的「彈性」是減少工時，可以擁有更多時間從事休閒活動，樂得很，好像薪水不變似的；可是企業看到的正好相反，不是減少工時，而是減薪，他們想讓員工辦理退休後再回聘，即使全時，工作內容與工作量不變，薪資仍會打折，依照從事資遣協商的朋友AY說，大約在五折至七折之間。

「中年之後，必須有接受『減薪』的準備。」

的確很難倖免，幾乎都會減薪，有人四十五歲被減薪，有人五十五歲被打折，有人臨到六十五歲才調動，不同的只是時間早晚，「薪資天花板」何時來到罷了。

當員工進入中年，薪水來到企業認知的「天花板」，企業就會想要掄起大刀砍薪，卻不會明白說出來，而是要讓員工「自己明白」，並且「主動提出減薪」，不致陷企業於不義。

畢竟，這些上了年紀的員工，都是和公司一路打拼過來的，互有革命情感，沒有功勞也有苦勞。在資遣或減薪這件事上，老闆都想借刀殺人，不想滿手血腥，壞了自己的名聲，也傷了在職員工的情感。

延緩「減薪」的到來

但是，員工都沒有意識到老闆的心裡演過這一場虐心戲，覺得自己對公司忠誠如一、對工作認真負責，態度沒有改變，品質也沒有降低，業績還是維持以往，怎麼樣都不會想到自己正處於殺機重重、四面楚歌的地步。

政府重視中高齡就業，企業接受這個政策，都是不得不然的因應之道，但仍請認清一個事實，這是資本主義的社會，勞工永遠是輸的一方，能努力的就是「小輸就贏」，必須知道自己即將面臨的下一步是減薪，提早想辦法創造更高的價值，加強談判籌碼，延緩「薪資天花板」的到來。

5

不要負氣離職，離職之前給自己一條長長的跑道

在公司看來，中年人只剩四個字——又老又貴，很容易被鎖定為頭號戰犯，接著一連串組織調整就會衝著自己來。此時，千萬別跟錢過不去而負氣離職。記得，辭職是有策略的，也需要布局，安排妥當再走人不遲。

梅齡是我這半年認識的新朋友，有一天她和我談到丈夫，我差點站起身來，給她鞠躬。之所以肅然起敬，是因為十年前，她丈夫可是一號響叮噹的大人物，在某個正當紅業界裡的領導品牌，擔任總經理。當時不論報紙、雜誌或電視都經常看到他的身影，可說舉足輕重、喊水會結凍。

奇怪的是，這十年來未曾再聽聞任何消息，於是我問梅齡，她丈夫去哪裡了？

難不成也像很多明星消失許久，後來消息傳回來，原來都轉去大陸發展，賺人民幣？這時只見梅齡神色黯淡下來，沉吟一陣子才開口說：

「他失業十年。」

無預警地負氣離職

怎麼可能？梅齡也不知道怎麼解釋起，只說：「要怪就怪他負氣離職吧！」

接著，我聽到一個塵封十年的內幕八卦。十年前，這家企業越做越興旺，董事長要擴大經營，著手組織調整，一分為二，要梅齡的丈夫負責行政管理，另外拔擢另一位經理升任總經理，管業務開發。可是在梅齡的丈夫看來，業務開發才是核心，而他被甩出核心，不再重要，自尊心嚴重受創。

人事令才公布，梅齡的丈夫就遞辭呈，頭也不回地走人。梅齡勸丈夫看在孩子還小的份上，把辭呈拿回來。可是丈夫是驟子脾氣，一旦倔起來，誰也奈何不了，辭職一事就此成了定局。

這樣才高氣傲的人，接著會做什麼？

當然是創業！結果很慘，拖了五年，認賠出場，卻也千金散盡，把前面二十多年當專業經理人辛苦賺來的薪水與紅利全部賠光，連房子都拿去抵押貸款。

後來，這位前總經理不得不開始求職，可是此時已經年逾五十，找工作遠超乎他想像的不順利。願意請他這尊大佛的，都是想請他「幫忙」的小廟，像是新創公司或小企業，打的如意算盤盡是等公司賺錢了，再跟他分紅。問題是，還沒等到這一天，兩造就為了經營理念鬧翻了。因此梅齡補充：

「這十年來，他都沒拿一毛錢回家。」

黑天鵝事件

梅齡的辛苦，可想而知。還好，梅齡性情溫柔，也愛丈夫，極盡忍耐與包容，咬著牙一邊工作一邊帶孩子，而所有的心酸與苦悶，只能一個人獨自往肚裡吞。

從梅齡的丈夫這個例子看來，可以知道，越是有能力的人，越恃才傲物、自尊心高，越可能負氣離職。這在生涯布局上，不僅不是智舉，也非常危險。年輕時還好，若是發生在中年，則有如黑天鵝事件，毫無預警，讓人無法防範與準備，就會帶來致命一擊，兵敗如山倒，造成連鎖性效應，成為巨大災難。

搭飛機時，我們都有經驗，機師不會一下子就把飛機頭對著天空猛地九十度拉起來，而是稍微昂頭在跑道上衝刺一段距離，慢慢地飛上去。為什麼？這樣坐在機艙的客人才不致摔得東倒西歪，發生危險。

而且，跑道的長度，也隨著飛機的種類增減。越是大型的飛機，載客人數多，跑道越長。根據維基百科，一般螺旋槳飛機的跑道長度一公里以上，噴射機一公里半，有兩條走道的客機則需要兩公里；至於巨型飛機如波音七四七，至少要兩公里半以上，空中巴士A380起降需要四公里。

起飛跑道，三個條件

從飛機起飛來看生涯布局，兩者有共通性，都需要鋪上一條長長的跑道，給自己一段準備起飛的路程。因此辭職這件事，負氣不得，不能早上辭、下午走人。相反的，辭職之前，要仔細評估以下三個條件：

一、年紀

年紀越大，跑道越長，尤其是過了中年的大叔大嬸，企業並不青睞，容易在履歷讀取時就刷掉，因此千萬不要莽撞行事。很多人愛說：「此處不留爺，自有留爺處。」這指的是小爺們，不是老爺們。

二、位階

位階越高，跑道越長，因為就業市場可以提供的位子少，更何況高階職位用人最重要的考慮因素是信任，能力並非第一優先。可是，位階高的人容易患有大頭症，目空一切，以為自己有實力絕地大反攻，令人遺憾的，想像未必等於事實。

三、家庭

家計責任越大，跑道越長。單身可以任性，已婚有孩子之後，就要懂得別讓情緒控制大腦，失去理性，做出令人後悔的決定。

我看過跑道鋪最長的是十八年！王寶釧苦守寒窯十八年，除了克勤克儉養大兒子薛丁山外，啥也沒做。這位大企業高階主管，十八年前拿到EMBA學位之後，積極爭取各種外派，調職到各個國家，尋找各方的可能性，同時建立起豐沛的人脈。這還不夠，他讀了兩個當地的博士學位，墊高條件，提高價值。

時光荏苒，十八年轉瞬即逝。前年他遞出辭呈，不僅在大學任教，也搖身一變，成為多家企業的顧問，薪水加總起來，比原先的企業還高。這時他五十八歲，還能有這樣的華麗轉身誠屬不易。但是他絕對值得，這一條衝刺起飛的跑道，從四十歲開始鋪設，十八年來未曾虛擲一分一秒，而是全力以赴，專心一志為美好的明天不懈地奮鬥。

離職，也需要布局

同樣是大企業的高階主管，一個負氣辭職，把全家推入水深火熱之中；另一個好整以暇，花費十八年充分準備，順利拉出人生第二條曲線。這兩種下半場，要選擇哪一個，不言可喻。讓理性引領你，做出智慧的抉擇，最重要的是掌握住這三個原則：

1 不要負氣離職
2 辭職需要策略與布局
3 布局需要準備，給自己鋪上一條長長的起飛跑道

忍一時風平浪靜，退一步海闊天空，但光靠忍耐是沒用的；在這進退之間，不是讓時間空轉，而是要致力於布局，期待下一次起飛，翱翔天際。

6

中年求職要改變策略，成功就會越來越近

年紀，是中年求職的最大障礙。特別現在都使用電腦篩選，中年人第一個被篩掉，再好的履歷也永無見天之日。不妨大膽突破，繞過電腦，走回傳統老路，直接郵寄給用人的主管，也許有好消息。

近幾年，各地陸續有些廠關了、有些公司收了、還有些是組織重整，不得不資遣一些員工，都不過四十出頭或五十啷噹，離退休至少還有十多年，必須重新出發找尋新工作。但其中多數已經十幾二十年未找過工作，對求職相當陌生，必須從頭展開一趟嶄新的學習旅程。

中年求職，要成功出擊，以下這三點最重要：

1 認清楚企業的求才流程
2 坦然接受年紀是求職障礙
3 改變策略，不乖勝出

首先，說實話，企業在人力銀行篩選履歷，年齡條件大半設在三十五歲以下，手指頭一按，中年人的履歷根本永無見天之日，經歷再強、條件再高，都沒有用。這是一個殘酷的事實，一般中年人卻難以接受，尤其曾經在大企業任職，且做到主管位階的中年人，他們不能想像自己還年輕有活力、資歷豐富、表現優異，怎麼可能有企業不要用他們？

年紀大，求職就是會吃虧

「現在的企業是怎麼了？一方面喊著找不到好人才，一方面又放著好人才不用，真是矛盾極了！」

是的！我不得不痛心的承認，自企業使用電腦篩選履歷的第一天起，年紀大就是吃虧，和能力無關！這是一個客觀而普遍的事實，我們不可能駭入企業系統修改電腦程式，那麼只有接受它！一旦能夠平心靜氣的面對這個事實，才能繼續跨出求職的下一步，把自己成功銷售出去。

Roxy去年被公司資遣，一直找不到工作，有一天來敲我的FB，在他觀察半年之後，Roxy發現有一個現象幾乎存在每家大企業，可是他一直無法理解：

「為什麼企業要找人的職缺一直都掛在人力銀行上面，但是又不處理已經投遞的履歷？他們到底有沒有缺人？」

比如，Roxy中意同業某家企業的職缺，自認條件符合，又是同行，報到後馬上有即戰力，三個月前他投出履歷，可是一點動靜都沒有。一個月後，職缺還在，於是Roxy再度投履歷，還是沒有任何回音。這個月打算再投遞一次，「提醒」企業他的「存在」，不過投到第三次不免手軟，問號也浮上心頭，感到不對勁，便來問我該不該再投一次？

郵寄履歷，直接給主管

經他說明之後，我心裡有數，卻不能馬上說出來，因為太傷人了！於是問他在投遞履歷之後，有沒有收到人力銀行的一封系統信，告知企業已讀取履歷的通知？Roxy回答未收到過，很明顯的，Roxy的履歷根本從沒被企業讀取，而是電腦篩選時直接過濾掉了。我心裡嘀咕著：

「年紀，年紀，年紀，就是年紀出了問題！」

既然一切都是電腦在搞鬼，而且Roxy認識那家公司，不難打聽出用人部門的主管，因此我靈機一動，逆向思考：「那麼，何不跳過電腦？」「那麼，何不避開年紀這個條件？」於是大膽提出一個看似不合潮流的餿主意，要他將履歷直接寄給主管，不只跳過電腦，也跳過篩選履歷的人資部門第一關。要知道，很多篩選履歷的人是人資部門裡最資淺的招募助理，缺乏經驗讓他們錯失合適人才。

應徵工作，說穿了，就是銷售自己！一個產品再優良，若是無法在銷售通路上架亮相，就沒人知道它的存在，遑論它有多好用，一切將歸零，所以要想辦法突破通路上的種種障礙。而電腦顯然是中年人的障礙，那麼就跳過它們，用「直效行銷」

的方式，直接將履歷郵寄給使用者（用人部門主管），精準的找到對的人，有效的把自己賣給他們！

中年履歷，三個成功秘訣

當然，在履歷上也要下足功夫！我提供Roxy以下三個實用有效的建議：

一、附上有力人士的推薦函

Roxy既然可以打聽出用人主管，也可以打聽出他熟識且信賴的名單，有可能是Roxy直接或間接認識的。透過人情請託，寫一封推薦函不是難事。

二、量身訂做履歷自傳

針對這個行業、這家企業，以及這個部門與職務，提出多年在同一業內的專業分析與建議，展現自己的獨到見解。

三、強調績效，提出數據

資深如Roxy，在寫履歷自傳時，學歷已經不是重點，反倒要在工作經歷上著墨，但也不要只寫一串工作項目，而是要寫重大成就與績效表現，並以數字表示，這才是中年工作者的優勢！

繞過年紀，避開電腦，再試一次吧！

在我的著作《不乖勝出》裡，強調「這世界是留給大膽的人」，果然Roxy勝出，贏得本來不可能的工作機會；而用人主管也高興萬分，職缺懸掛多日，久久找不到合適的人，同事紛紛抱怨工作量大，讓他萬分頭疼，沒想到在一封郵寄的履歷裡找到合適的Roxy！不過，難道，這時候，年紀不再是問題了嗎？用人主管居然笑著說：「好用最重要，年紀大反而成熟穩定，流動率低，不必常常找人。」

沒錯，這就是關鍵！當時這位主管在設定求才條件時，年紀只是其一，並非唯一，更不是最重要的考慮條件。可是電腦卻「一視同仁」看待全部條件，一概對中年人殺無赦。荒謬的是，這個職缺要求四十歲以下，而Roxy僅四十二歲，就因為多兩歲而被篩掉。

Roxy還是不解，求職條件上並未明載年紀門檻，問得好！這也是很多中年人對於年紀懷抱著浪漫念頭的癥結，我明白的告訴他：

「政府規定，企業求才不可以有年齡歧視，所以企業不會白紙黑字寫出年齡限制，但是不代表心中沒有這把尺。年紀是就業市場一個不能說的秘密。」

中年求職，年紀不可諱言是阻礙，面對這個殘酷事實之後，就要改變策略，不再走直路，想辦法避開這個移不動的大石頭。山不轉路轉，解決的辦法是繞過年紀，不理電腦，雖然多走了點遠路、冤枉路也不少，不過只要一試再試，天下無難事，就怕有心人，終究還是會走到目的地，找到理想的工作。

7

病後上班，用「減法」重回生涯軌道

在安排生涯時，生病這個變數一定要算進去，它只是早來晚來而已。一旦發生，早有準備，就不致步調大亂。生病是一個重大訊息，有重要含義，它要我們改變，從舊的生活模式解放出來，迎向全新的生活模式。

年輕的時候，職場生涯是一條高速公路，加足馬力往前，不斷趕路，為的就是快快到達目的地，享受終點的美麗景色。

可是，車子開著開著，到了中年階段，目的地還未到達，就必須提早下交流道了，或是家人要下車、或是車子拋錨要修理……原因不一而足，從此離開風馳電掣的高速道路，人生不再一路順風，走走停停，讓人難以適應。

生病後，人生大轉彎

這些交流道，是生命的轉折點，讓人走進另一個人生風景裡，有的是家人生病需要照顧，有的是自己生病需要休息。這是年輕時難以想像的，生病居然是中年之後的重要課題，讓生涯軌道突然大轉彎，開往預料之外的方向。因此在安排生涯時，生病這個變數一定要算進去，它只是早來晚來的問題罷了，一旦發生，若已早有準備，才不致步調大亂。

煒哥任職一家傳統製造大廠，這幾年公司的經營重心轉向東南亞，他是派駐當地的不二人選，足見能力強與重要性。而煒哥也得意在四十七歲可以獨當一面，擁有一個大展身手的新舞台，於是懷著雄心壯志單身赴任，從零開始，開疆闢土，雖然每天忙得焦頭爛額，壓力極大，倒也苦中作樂，自有一番成就感。

時光飛逝，三年過去，煒哥回到台灣，不是兩腳著地走下飛機，而是空服員推著癱坐輪椅的他，中風了！臉部歪斜，說話含混不清還流口水，來接機的同事不禁傻住，認不出眼前這位病人是過去春風滿面的分公司總經理。

再過半年，煒哥憑著強大的意志力，恢復到可以到處行走，不過仍要拄著拐杖。老闆派給他一個顧問職，薪水未減，權力卻不再，是一個窗邊位子，出出腦、動動嘴，給同事一些意見，當同事不接受時，煒哥也莫可奈何。

生病，是生命的訊息

在公司裡，過去煒哥是一號重要人物，現在局勢大變，不只是不重要，還顯得可有可無，令人難堪。老客戶大將是他的忘年之交，幾次互動看在眼裡，感受到煒哥的落寞，便找他來聊聊，第一句話便是向煒哥道賀：

「恭喜你下高速公路，歡迎來到省道。這是老天爺送你的禮物，否則永遠找不到一個契機，讓你欣賞省道的美麗風光。」

要不是了解大將的為人處世，煒哥會覺得這段話聽來不只莫名其妙，也充滿譏刺。當然是高速公路才跑得快啊，能跑高速公路，何必走省道浪費時間？省道是老人開的路，自己才五十歲，不過生一場病，也康復九成，憑什麼在職場上要被歸類為老人？大將長煒哥八歲，懂得煒哥的內心獨白，於是接著說：

「生病，不只是病而已，而是上帝帶來的一個訊息，是有含義的。祂要生病的人改變，從舊的生活模式解放出來，迎向一個新的生活模式。」

恢復健康，第一重要！

過去，健康的時候，職場生涯是加法，頭銜要高、責任要多、人脈要廣……現在，大病初癒，除了健康之外，通通要減至最低，減少壓力，以及不必要的精力耗損。

煒哥當然不服氣、不認輸，可是公司擔心煒哥二度中風，執意不再交付重責大任，大將建議煒哥學習適應，卸下權力，從幕前走向幕後，將焦點從外在轉移至自身，掌握優先順序，首要是養好身體，以求留得青山在，不怕沒柴燒。

「可是，我才五十歲，不甘心哪！」

「不急，不急，先在省道跑一跑，時間一久，大家忘記你中風過，就可以再上高速公路。」

是的！健康不佳時，還堅持在高速公路上，走走停停，不只容易出車禍，也讓人一直留存生病的印象。還不如斷下決定，乾脆開下交流道，走走停停也不醒目，久了人們便淡忘生病一事，當機會來臨時，自己就會在口袋名單裡。

五題減法，重新活過

走省道時，經常踩的不是油門，反倒是煞車。病後不必停車離開職場，要做的只是改變生活模式，遠離加法生涯，走向減法生涯，比如：

一、減少目標

學習回到專一的目標，把單一的事情做好。一個目標達成，遠遠好過於多個目標未達成。

二、減少職務

體力有限，就要捨得放掉做不好的職務，保留住一個頭銜，緊守一個定位，大幅減少壓力。

三、減少責任

把責任分攤下去，讓屬下擔負更多、學習更多，幫助他們快速長大成熟，自己就可以放鬆更多。

四、減少人脈

人脈要開始分類，強而有力的連結多花力氣維護，不太有效用的連結就少花力氣，減少精力在送往迎來中。

五、減少外在價值

世俗對成功的定義，或是別人的眼光，都屬於外在價值，不是不重要，而是沒有想像中那麼重要。

生病之後，下交流道，是一個重要的轉折點。重新檢視人生，分清楚需要的與

不需要的，其實需要的不多，不需要的都是垃圾，全部丟掉。也許，你會因此找回一個有點陌生的自己，卻是更喜歡的自己。

8

生命沒有挫折只有轉折，一切都是最好的安排

中年，是人生的中點，也是轉折點，會不斷出現一些Sign，看似危機，其實是轉機。這時，請停下來傾聽，相信直覺，就會明白一切都是最好的安排，都自有道理，目的是在幫我們整理、改變，並轉化提升，走向美好豐富的未來。

這世界上，最需要聆聽的，是自己內在的聲音。

它們通常微弱到聽不清，讓人以為聽錯了，也就輕忽了，繼續執著地走在既有的軌道上。可是生命比我們堅定，最後都會以一個劇烈無比的方式，逼得我們面

對，可惜一般人只看到挫折的一面，卻不去警覺這其實是人生的轉折，而錯過更高層的可能性、更美好的自己。

一場車禍，把她撞成碎片

她既聰明又努力，注定是人生勝利組，考上台大歷史系，再以第一位文學院畢業生進入政大企管研究所，一路認真打拼，位居花旗銀行台灣區人力資源部最高主管，和一群優秀的菁英組成夢幻團隊，胼手胝足，充滿熱血，全速奔向理想。

公司回報她的是領高薪、坐高位、享有配車與司機，整個人開心而滿足，她以為這一生就是在事業這條路上毫不回頭地走到底。

直至四十二歲到美國出差，發生嚴重車禍，撞到全身骨頭無一處沒有裂傷，連呼吸都痛，在家足足休養四年，平生第一次感受到灰暗無光的滋味。從外人來看，是從高峰跌到谷底，摔得這麼慘，要怎麼安慰她呢？結果，竟然有人跟她說：

「一切，都是最好的安排。」

乍聽好像是句風涼話，而說話的不是別人，是十八年後的她自己，人稱Nancy老師。

模範生，最難離開這條軌道

當年，花旗銀行正值璀璨的高峰時期，Nancy Wang做得轟轟烈烈，可說是台灣人資界一姊，創下諸多耳目一新的做法，比如推出MA（儲備幹部）培訓計畫等，企業界多有仿效，她也受到如潮的讚美，還榮獲勞委會與中華人力資源管理協會所頒發的卓越人力資源主管「伯樂獎」。頂著令人目眩的光環，我第一個想問的便是：「怎麼捨得離開？」

無庸置疑的，Nancy當時的工作成就感很高，卻忙到沒有自己，每天都在加班，只有星期日屬於家庭，幾乎快被榨乾，出現了中年危機，心底深處渴求引進一股活水源頭，因此上了「光的課程」，開始靈性的啟蒙。不過Nancy一直是學校的模範生、社會的乖乖牌，走在舊有軌道上讓她感到習慣、安適，而且優越，完全沒有意識到內心的渴望是一個Sign，要她轉彎，去完成另一個使命。

「我太固執在工作上了，生命要把我從沉睡中打醒。」

於是發生可怕的車禍，從身體到心靈全部裂成碎片，必須重新建構自己，因此折出一個九十度的轉彎，也改變人生下半場。

離開職場，開始問「我是誰」

在過去的職場生涯，花旗銀行金字招牌超越了Nancy本人，大家認識的是花旗Nancy；離開花旗之後，拿掉職銜，拿掉身分，全然的裸退，Nancy第一次問自己：

「我是誰？」

「我從哪裡來，要往哪裡去，這一生是來做什麼的？」

她把自我探尋當成一個工作認真去做之後，積極學習各種追求真理的教導，使命越來越清晰，內在聲音引領她在五十歲時完全離開商場，轉而從事身心靈志業，教授「光的課程」及「擴大療癒法」。

再回頭看中年危機，Nancy認為，這是一個整理過去、面對挑戰的關鍵時刻，不要去抗拒，而是要當作一個恩典、一份禮物、一次重新省思生命的機會，啟動一個更高層次的可能性，讓未來的人生更有意義。

Sign不斷出現，也不斷被忽略

中年危機是人生的轉折點，看似危機重重，其實是轉機現身，期間會不斷出現一些Sign，可惜這些內在的聲音經常被忽略，一般人還是一直走，一直走，直到四十五歲前後走到死胡同，撞牆了，才真正感到進退無據而慌張失措，自此進入瓶頸期。

Sign是一些隱隱的不安與不滿足，比如對前途感到焦慮，對成就感到不足，對犧牲家庭感到愧疚，對人生方向感到懷疑，對未能去從事有興趣的工作而自我厭惡……即使如此，一般人的心理反應是迴避，並不放心上。逼到最後，生命便以一個劇變，逼得你正視不安，這時候事情都變得很大條，難以收拾。

「太太要跟我離婚，我不懂她怎麼了，最苦的日子都過了，為什麼在漸入佳境時，兩個人卻走不下去？」

「我是男性，一直有固定運動習慣，卻得了乳癌，雖然是零期，我仍然無法理解，怎麼會發生在我身上？」

「孩子被退學，離家出走，不知哪裡去了，我不知道他有哪些好朋友，像我這樣高成就的人怎麼會有低成就的孩子？」

「我這麼認真努力，績效表現也很好，公司為什麼要裁掉我的部門資遣我？」

在不斷的問「為什麼」之後，有些人會停下腳步，聆聽內在聲音，著手整理過去與現在，以及規畫未來，所以中年的意義在於「整理」，踏入斷捨離的時期。

中年最重要的事，斷捨離

剛離開校園時，什麼都沒有，什麼都不會，一心一意想要不斷累積，累積技能、累積經驗、累積人脈、累積財富、累積成就等，等到中年撞牆了，有智慧的人是靜下心，整理長年累積的「雜物」，放下執著，讓塞得滿滿的心可以空出來，自然就明白下一步要往哪裡去。

不必慌亂，不必抱怨，請安靜下來，整理自己，勇敢做出改變，不要辜負這個轉折點。未來還有一半人生，值得慎重做決定，請記得三個原則：

1 為自己的後半生負責，而不是為別人的人生。

2 追求的是生命的意義，而不是社會的功名。

3 工作以外的部分也很重要，而不是只為工作做規畫。

站在轉折點上，俯瞰人生，就會明白中年危機發生的任何事情，都自有道理，目的在於整理改變，並轉化提升，引領我們走向美好豐富的未來。

所以，一切都是最好的安排。

9

淡出職場最高境界
——越過山丘，才發現無人等候

我們都曾經重要過，現在卻要學習不再重要，而別人也沒那麼在意我們的去與留。就像李宗盛唱的「越過山丘，才發現無人等候」，一個人緩步下山，逐漸告別舞台，連謝幕都不必了，這對自己好，也對別人好。

日本作家曾野綾子在著作《中年以後》寫下這麼一段話：「若還說出『愛公司』這類的話，那是一種幼稚的感情……，而這並不是什麼好事。」

看了，有一種深獲我心的悸動。這麼一個埋藏在內心底層，有些讓人羞愧的秘密，竟讓曾野綾子給無情無緒的說了出來，不禁讓人鬆一口氣。是啊，不知打哪一天起，不知怎的，就是沒那麼愛公司，不再以組織為重，工作不如天那般大……是某一個年紀以後，還在上班的中年人的普遍心境。

中年以後，工作不再那麼重要

年輕時，我們不是這樣的。有理想、有熱血，工作是為了夢想的實踐，把自己託付給企業，手牽手打算一起打拼到天荒地老，腦子裡千絲萬縷想的，就是要轟轟烈烈大幹一場，做出一番事業，充滿豪情壯志。當然，我們的確也曾經離這個夢想很近很近，近到只有一步之遙，也有過一跺腳就會天搖地動的時候。

哪裡想像得到，才邁過某一個年紀，人還在職場，心卻變了，是那種微妙到不易察覺的轉變，開始對於組織有些微說不上來的疏遠，竟然像旁觀者般拉開一段距離，遠遠的看著公司的起落、淡淡的看著自己坐著的那個位子。

並非討厭公司，只能說不再那麼愛公司；也並非不認真工作，而是工作不再是唯一或最重要的。中年以後，欲望少了，企圖減了，不時清掃打理自己的那一顆心，將最重要的位置騰了個空，放進去這個年紀更在乎的事，也許是家人或健康，也許是享受人生或自己愛做的一些事；被移走的是曾經的最愛——工作。

就像一對戀人，轟轟烈烈愛過之後，有一天莫名所以，昨天還愛得死去活來，今天看來卻無一樣真切抓得牢，囁嚅的跟對方說：

「我不再對你有感覺了。」

「我不再像過去那般愛你了。」

是的，對於工作，我們現在也是這種心情。

給一段時間，慢慢淡出

李宗盛前幾年發表的〈山丘〉，寫出他五十五年來的人生感觸，撥動很多中年人的心弦，為他贏得二〇一四年金曲獎「最佳年度歌曲」等三項獎。努力衝刺，勤奮工作，直到越過山丘，才發現白了頭，時不我予，也無人等候……道破了中年人恥於承認的事實。

不過，用來借喻中年人離開「工作」這個最愛，他早年寫的情歌〈當愛已成往事〉，最能切中對工作的那種理還亂的糾葛不清，還有點愛意，更深的是無能為力，最後不得不放手，讓一切成為往事，留在風中……

你（工作）不曾真的離去　你始終在我心裡
我對你仍有愛意　我對自己無能為力
因為我仍有夢　依然將你放在我心中
總是容易被往事打動　總是為了你心痛

走過歲月，經歷那麼多人與事，還要再與工作糾纏不已、非要做到怎樣不可，像歌詞寫的「因為我仍有夢，依然將你放在我心中」，都是擺明跟自己過不去。人過中年，要做的不是期待得到什麼，而是準備失去什麼，直到有一天在職場缺席了，才會感到習慣，不致焦慮不安，也讓別人坦然接受我們逐漸淡去的身影。

頭頂上的那盞聚光燈，是一定要滅掉的。何不徐徐轉身，學會摸黑下台，而台下的觀眾對我們的記憶，記得也好，忘了更好。

學會不再重要

做妥心理準備之後，接下來是花個幾年時間打包收拾，留下從容優雅的背影。

這時候的我們，即使不再那麼愛工作，也還不到分手的地步，想要再工作一陣子才離開，首先要過得了自己心裡那一道坎。也許別人看不出我們內心幽微的變化，可是因為過去全神投入，也給過信誓旦旦的承諾，現在不再愛了，卻還要留下來，總有一種背叛良心的罪惡感，也有一種死皮賴臉的彆扭，不知道接下來要怎麼面對工作。那麼，以下這三個學習，是我們的新功課：

一、學會不再重要

不再把自己看得太重要，就算曾經很重要，也將逐漸不再重要，步向時不我予，沒有多少機會讓我們變得重要。何不聽聽林憶蓮在〈當愛已成往事〉裡唱的這段歌詞，它是我們每個人在職場裡的最終篇：「有一天你會知道，人生（職場）沒有我並不會不同。」

二、學會交棒

謙虛誠懇地把棒子交給年輕一代，相信他們會更有創意與活力，讓公司經營得更好。對於權力與位子，要做到最無情也最有智慧的割捨離，可別像李宗盛在〈山丘〉裡唱的，「也許我們從未成熟，還沒能曉得就快要老了，儘管心裡活著的還是那個年輕人，還在不知疲倦翻越每一個山丘。」

三、學會接受別人不在意自己

人生也好，職場也好，不管是誰不在了，地球仍然繼續轉動，不會因此停下來默哀或哭泣。因此，我們需要覺悟的一件事，就是即使自己不在了，也不會有人感到困擾，在不在都無所謂，一切照常進行。理解了這點，是對自己好，也對別人好，傷不到自尊，也傷不了感情。最好要能做到「越過山丘，才發現無人等候」，這是淡出的最高境界。然後，一切忘記，不要留戀，「忘了我（工作）就沒有痛，將往事留在風中。」

是時候了，學習跟工作優雅的分手，面對觀眾緩緩的後退，逐漸隱沒在舞台的一角，燈光照不到，觀眾看不到，轉身徐徐步下舞台，也不要事後再和一堆人手牽手出來謝幕，因為這次沒有一堆人，只有自己一人。

告別舞台這一場戲，最好的方式是將時間拉長，一年不嫌短，三年不嫌長，讓自己和他人都有一段適應期，不求張揚，不必驚動，更貼切此時此刻的心境。

10

興趣可以當飯吃，發明一個自己喜歡的工作吧

年輕時，沒有底，不知道興趣能不能當飯吃，所以放棄了；
中年時，家庭負擔沉重，更不敢率性去做有興趣的事；
到了退休前後的年紀，何妨把興趣做成工作，享受人生第一次為自己的快樂而工作的滿足！

年過五十，很多人開始慎重考慮退休這件事，可是多數都會猶豫再三，拖上多年下不了決定。主要原因是陷在二維思考裡，卡在「工作」或「不工作」這兩個選項內，非要在這兩者之間擇一不可，好像五十歲後的人生非黑即白；可是心裡想的並不是這兩項，而是介乎中間的灰階，真正想要的是——

「有沒有一種工作，既可以繼續工作，也可以隨性自在，在時間上自由一些，而壓力輕一些？」

找不到工作？自己發明一個！

但是根據過去的上班經驗，除非當顧問或做時薪工作，並不存在著時間自由且壓力小的工作，於是無奈的回到非黑即白的二擇一困境裡，找不出兩全其美的辦法。直到多年後退休，就真的告別職場，完全不工作了。

其實，這個世界本來就不是非黑即白的，而是多層次的灰階，在「工作」或「不工作」這兩個選項外，還有一個圓滿的選項，那就是為自己打造喜歡的工作。

換句話說，不一定要到組織裡去「找一個工作」，而是為自己在組織外「量身訂做一個新工作」！這種例子越來越多，做的是自己有興趣的事，做成專業，再發展成職業，有的人還能做成事業，再創第二春。

我有一位朋友，父親是公務員，喜歡雕刻，退休以後在後院簡單弄個工作室，開心的玩起來。鄰居看著喜歡，連神像都來請他刻，做著做著竟開店做生意，最後還變成家傳事業，在八十多歲做不動時交給下一代。年輕人有創新的做法，發揚光大，屢屢在世界各地拿大獎，現在一尊神像至少五十萬元起跳。

興趣，可以當飯吃

另一位朋友的哥哥在大學教書，因為喜歡旅行，先是自費出書，接著經營FB社群平台，專講歐洲鐵道之旅，大受歡迎！自三年前起，每年暑假都會帶一團，從四十多人到後來一百二十人報名。為了提高旅遊品質，還規定大家看書，考試及格才可以參加。

還有一位朋友喜歡攝影，年輕時全台灣跑透透，清楚每個景點在哪個季節拍攝最美，熱心的在FB分享經驗，想不到也因此發明了一個新工作，週末假日包車辦旅行團，帶著攝影愛好者一日遊，大家都收穫滿滿，結交同好之外，玩遍各地景點，也拍攝精彩照片，一舉三得，意外的成為一門火紅的生意。

他們的成功，打破了「興趣不能當飯吃」的傳統思維，證明興趣不只是能當飯吃，還好吃可口得很！

一般人在年輕時選擇工作，或是興趣模糊，或是認為「興趣不能當飯吃」，多半會放棄興趣，轉而去做符合父母期待或社會價值的工作，比如去大企業、外商任職，或當公務員，有出息又有保障。慢慢的，努力有成，卻也結婚生子，經濟壓力變大，在生涯選擇上趨於保守，不敢隨便轉換跑道，著眼的都是加薪與升遷，離興趣或理想越來越遙遠。

中年工作，不要勉強自己

可是，在長長的生涯中，選擇工作都在金錢上打轉，不只是目光如豆，變成錢奴，也會錯過心靈交會的光芒與喜悅。再過十幾二十年，走不動或做不來時，拿不出回憶來懷念這一趟人生旅途，教人悵然遺憾。

所以，好不容易熬到財務自由時，這一次就為自己選擇工作，選擇喜歡的、有興趣的，管他錢不錢的！錢是自己賺的，當然要為自己花掉，如果還要通通留給兒孫，自己這一生又算什麼呢？

更何況，到了這個年紀，工作還讓自己覺得勉強，就沒意思了！硬是勉為其難，卡進組織或企業裡，做一個不喜歡或不合適的工作，還要忐忑不安，成天擔心會不會被錄用、會不會被資遣，未免太累！

何不放膽為自己創造一個全新的工作，既符合志趣與作息，健康與體力也負擔得來，還可以圓夢，人生無憾。

工作，是為了開心快樂

怎麼設計工作？訣竅是從興趣出發，發揮想像力與創造力，找到社會上某一群人的「痛點」，提供產品或服務，幫助他們解決問題，減緩痛感，獲得滿足，工作機會就會出現！

幫自己量身訂做一個喜歡的工作，光是這麼想，是不是整個人都快活了起來？這就對了！中年人不退休，而是繼續工作，要的就是這樣的心情。不是只有年輕人，我們也會熱血，就讓自己在工作中再活一次吧！

開心快樂，做喜歡的事，還可以賺點錢，讓別人從我們的付出獲益，尊敬我們，充滿成就感，才是中年人不退休，繼續工作的目的！

所以，跨出組織，不要再為企業不錄用我們而苦惱怨歎，此處不留爺自有留爺處，何妨動動腦，為自己創造出一個全新的工作，打從心底為自己感到驕傲吧！

有方之度 005

要獨立老，不要孤獨老——人生的意義自己定義，走出自己的英雄之旅

作者　洪雪珍｜**社長**　余宜芳｜**總編輯**　陳盈華｜**企劃經理**　林貞嫻｜**封面設計**　陳文德｜**出版者**　有方文化有限公司／23445 新北市永和區永和路 1 段 156 號 11 樓之 2　電話—(02)2366-0845　**傳真**—(02)2366-1623｜**總經銷**　時報文化出版企業股份有限公司／33343 桃園市龜山區萬壽路 2 段 351 號　電話—(02)2306-6842｜**印製**　中原造像股份有限公司——初版一刷 2019 年 4 月 26 日　初版九刷 2023 年 9 月 15 日｜**定價**　新台幣 340 元｜版權所有・翻印必究——Printed in Taiwan

要獨立老，不要孤獨老——人生的意義自己定義，走出自己的英雄之旅／洪雪珍著 . -- 初版 . -- 新北市：有方文化 , 2019.4；
面；　公分　(有方之度；5)

ISBN 978-986-96918-7-1（平裝）

1. 老年　2. 生涯規劃　3. 生活指導

544.8　　108004223